Dr. Ilona Bürgel

Positiv Denken für Glück und Lebensfreude

Weniger erschöpft oder überfordert sein und sich selbst nie mehr vergessen

Dr. Ilona Bürgel: Positiv Denken für Glück und Lebensfreude. Weniger erschöpft oder überfordert sein und sich selbst nie mehr vergessen

Testen Sie interaktiv, wie groß Ihre Chance auf Glück, so wie Sie leben, wirklich ist: www.ilonabuergel.de/selbst-analyse

Gestaltung: www.michaelzimmermann.com
Foto: www.susannlange.de
Icon (Cover): flaticon.com - Freepik
Druck: www.bookwire.de
Printed in Germany
ISBN: 978-3-9819188-0-9
ISBN E-Book: 978-3-9819188-1-6

Die Zitate stammen von Ilona Bürgel.
2. überarbeitete Auflage

Inhalt

Wie Sie mit diesem Buch am besten arbeiten

Herzlich willkommen auf dem Weg in ein neues Leben. Ein Leben, in dem Sie bei aller Arbeit und trotz Alltagsstress so denken, wie Sie es sich wünschen: positiv, optimistisch, sympathisch. Wie alles andere im Leben können Sie auch dies lernen. Manchmal muss man dazu erst einmal etwas verlernen – nämlich alte, wenig hilfreiche Denkgewohnheiten.

Warum nehmen wir uns Dinge, z. B. positiver zu denken, vor und schaffen es doch nicht? Wie hören wir endlich auf zu grübeln? Wie bringe ich alles im Leben unter einen Hut? Wie habe ich dabei ein gutes Gewissen? Dies sind Fragen, denen wir in diesem Buch gemeinsam nachgehen werden.

Ich habe für Sie die Erfahrungen meiner Arbeit mit Menschen wie Sie und ich und natürlich meine eigenen Erfahrungen zusammengestellt. So profitieren Sie nicht nur von wissenschaftlichen Erkenntnissen, sondern vor allem auch von dem, was sich bewährt hat.
Dem Entschluss, etwas zu ändern, muss eine Tat folgen. Der Erwerb dieses E-Books ist bereits eine solche. Nun heißt es für Sie, die Informationen zu filtern, die genau zu Ihnen passen und die Sie genau jetzt brauchen.

Wir alle haben zu wenig Zeit für Dinge, die uns selbst betreffen. Sind abends müde oder abgespannt und haben es früh eilig. Deshalb ist das Material so aufgeteilt, dass Sie für das Lesen und Verarbeiten eines Abschnitts maximal 10 Minuten oder 2 mal 5 Minuten benötigen. Sie finden jeweils eine kleine Markierung, die zeigt, wieviel ungefähr in 10 Minuten durchdacht werden kann. Für die praktische Inspiration im Teil 3 gilt ebenso, dass Sie pro Tag nur diese kleine Zeitspanne einsetzen müssten, um eine Verbesserung zu bewirken.

Morgens wirkt die Arbeit mit diesem Buch für den bevorstehenden Tag am besten, weil Sie dann gleich Ihre Perspektive auf »positiv« einstellen. Abends ist die Wirkung gut, weil Sie in der Zeit zwischen aktivem Wachbewusstsein und Schlaf besonders aufnahmefähig sind. Eine feste Zeit für Ihr kleines Studium, z. B. morgens vor dem Frühstück, hilft Ihnen, sich leichter daran zu halten.

Natürlich sind Sie frei, mehr als 10 Minuten zu lesen und zu reflektieren. Je mehr man tut, desto schneller kommt man vorwärts. Je länger man dran bleibt, desto nachhaltiger ist die Wirkung. Doch am allerwichtigsten ist die Regelmäßigkeit. Das heißt, es ist besser, sich täglich wenige Minuten mit einem Thema zu befassen, als einmal in der Woche einen ganzen Tag.

Ich freue mich darauf, dass immer mehr Menschen so wie Sie und ich positiver durch das Leben gehen. Denn jeder von uns ist ein Modell, Vorbild und Inspiration für andere.

Viel Erfolg beim Positiven Denken wünscht

Dr. Ilona Bürgel

Einstieg

Ich bin auf Reisen. Während ich am Flughafen Düsseldorf auf den Check-In warte, habe ich Zeit für einen Kaffee und nehme mitten in der Abflughalle im Bistro Platz. Trotz der auf Flughäfen üblichen Betriebsamkeit geht es hier gemütlich zu. Kein Wunder – fällt mein Auge doch auf einen handgeschriebenen Spruch an der Wand am Tresen: »Die Welt gehört dem, der sie genießt«. Das gefällt mir und passt zu meiner Lebensphilosophie. Doch dann frage ich mich, ob das auch stimmt. Und wenn ja, unter welchen Umständen.

Immer höher, schneller, weiter und dabei immer attraktiver, fitter, positiver: Die Ansprüche, die an uns gestellt werden und die wir immer mehr auch an uns selbst stellen, sind kaum noch zu erfüllen. Der Druck – sowohl privat als auch beruflich – steigt unaufhaltsam.
Konsequent leben wir, dass vor dem Wohlbefinden die Leistung steht. Wir erlauben uns Selbstfürsorge dann, wenn wir einmal Zeit haben und das ist fast nie. »Haben Sie heute schon an sich gedacht?« Was würden Sie antworten? Ist es nicht mit dem An-sich-Denken so, dass wir es uns zwar vornehmen, doch nicht tun? Wissen, wie nützlich es wäre, doch es aufschieben, bis wir »Zeit haben«? Und wenn wir es einmal tun, dann mit schlechtem Gewissen?

Wir leben in einer Kultur, die Erfolg und Anerkennung über permanentes Leisten definiert. Wir haben damit ja auch viel erreicht. Doch wir kommen so nicht mehr weiter. Viel zu lange haben wir in Beruf und Privatleben an oder sogar über unseren Belastungsgrenzen gelebt. Spätestens dann hört bei jedem das positive Denken auf.
Wir übersehen, dass Leistung, die auf Kosten von Wohlbefinden erbracht wird, Leistungsfähigkeit kostet. Ein Mangel an Ausgleich mit Wohlbefinden und Gesundheit bezahlt wird. Kurzum – dass Wohlbefinden, gut drauf zu sein, eben nicht ein Dankeschön nach vollbrachter Leistung oder eine Belohnung ist, sondern vielmehr die künftige Hauptvoraussetzung für Leistung.

Positives Denken zu lernen heißt vor allem, eine neue Haltung zu sich selbst zu finden. Denn wir leben und arbeiten genauso gut oder schlecht, wie wir uns fühlen.

»Gesundheit ist ein Zustand des vollständigen körperlichen, geistigen und sozialen Wohlergehens und nicht nur das Fehlen von Krankheit oder Gebrechen«, sagt die WHO seit 1948.

Daran hat sich bis heute nichts geändert. Gemeinsam ist Wohlbefinden und Gesundheit, dass wir beides gern haben, doch möglichst wenig dafür tun wollen. Und ist es nicht ähnlich mit dem Positiven Denken? Irgendwie wissen wir schon, dass es etwas bringt. Doch Zeit zur Reflexion darüber, wie und was wir denken und was dies für Konsequenzen hat, nehmen wir uns kaum. Höchstens dann, wenn etwas nicht so läuft, wie wir uns das wünschen.

Besser wäre, sich regelmäßig mit dem eigenen Denken zu befassen und zu prüfen, ob wir so leben, wie wir es uns wünschen. Denn Denken und Fühlen beeinflussen unsere Wahrnehmung nicht nur im Sinne der Lenkung der Aufmerksamkeit, sondern greifen direkt in den Wahrnehmungsprozess ein. Geht es uns schlecht, neigen wir zum Tunnelblick und fokussieren uns auf noch mehr Schlechtes. Geht es uns gut, haben wir eine weite Perspektive, können aus Möglichkeiten und Lösungen wählen. Wenn es uns gut geht, haben wir etwas zum Abgeben, so profitieren alle davon. Die Umstände, unter denen wir leben, sind so gut wie nie zuvor und wie kaum sonst irgendwo auf der Welt. Uns dessen öfter bewusst zu werden, ist ebenso sinnvoll wie nützlich. Denn:

Zum Glück gehören drei Bausteine: Prozesse unseres Denkstils, die meist unbewusst und schwer zugänglich sind; Lebensbedingungen wie das Einkommen, die Umwelt o. ä., die wir nur bedingt beeinflussen können, und Entscheidungen und zwar in dem Sinne, welchen Ereignissen wir unsere Aufmerksamkeit schenken. Das heißt, wie lange wir worüber nachdenken und auf welche Art. Hier liegt unsere größte Einflussmöglichkeit.

»Die Dinge sind, wie sie sind, weil wir sind, wie wir sind.«

Positive Psychologie als Wissenschaft des Positiven Denkens und Glücks

Vor etwa 12 Jahren habe ich den Entschluss gefasst, ein glücklicher Mensch zu werden. Ich war es damals nicht. Wie manch andere auch, kannte ich Enttäuschungen bei der Partnersuche, das Hadern mit dem eigenen Körper oder Frustration bei der Arbeit. Vor allem aber, dass mich diese normalen Schwierigkeiten des Alltags zu lange und zu sehr belasteten und mir die gute Stimmung raubten. Das wollte ich ändern und ich tat es.

Insofern wird es Sie nicht überraschen, dass ich beruflich zu einer Anhängerin der Positiven Psychologie wurde und in Job und Privatleben das Positive Denken befürworte und lebe. Leider ist es über die vielen Jahrzehnte, in denen sich explizit damit beschäftigt wurde, immer wieder in Verruf geraten. Ich denke, das liegt daran, dass wir falsche Erwartungen haben oder das Wissen darüber nicht richtig einsetzen.

Der »Vater« der Positiven Psychologie, Martin Seligmann, etablierte im Jahr 2000 die Positive Psychologie als wissenschaftliche Richtung. Im Fokus der Forschung stehen positive Emotionen, positive Charaktereigenschaften und positive Institutionen. Woher kam die Motivation? Bislang konzentrierte sich die traditionelle Psychologie auf Krankheiten, Defizite und Probleme. 70 Prozent aller Menschen sind aber nicht psychisch krank, sondern gesund wie Sie und ich, und wollen einfach gut leben.

Bereits seit den 1970er-Jahren etablierten sich Coachingansätze mit klarer Ausrichtung auf die Möglichkeiten, Potentiale und Chancen, die in jedem von uns angelegt sind. Hier wurden allerdings eher die praktischen Erfahrungen erfolgreicher Therapeuten ausgewertet. Das fehlende wissenschaftliche Fundament führte dazu, dass die traditionelle Psychologie ihnen die Anerkennung verweigerte. Aus meiner Sicht besteht die Leistung der Positiven Psychologie darin, diese Denkrichtungen und Ansätze zusammenzuführen, zu untersuchen und damit zu objektivieren.

Die Positive Psychologie ist nicht einfach ein weiteres Hilfsmittel in der Werkzeugkiste des Selbstcoachings, sondern eine Haltung zum Leben und zur Arbeit. Sie hilft, das Beste aus einer Situation zu machen. Optimismus, Neugier, Lebensfreude erweitern die Perspektive und ermöglichen Wachstum. Glückliche Menschen nutzen und entwickeln ihre sozialen und persönlichen Ressourcen, sind kreativer, motivierter, hilfsbereiter, sozialer und energievoller. Glück ist wie ein Perpetuum Mobile und füllt sich selbst. Das ist genau das, was Sie in z. B. in Belastungssituationen besonders benötigen.

Denkpause
Welche guten Denkgewohnheiten haben Sie schon?

--- 10 Minuten ---

I. Die Glücksräuber

Warum ärgern wir uns so schnell und grübeln so lange? Wieso fällt es so schwer, einfach anders zu denken? Wer das Gehirn besser kennt, versteht die eigenen Reaktionen besser. Und dann entfällt schon einmal ein großer Grund zur Aufregung: Die Aufregung über uns selbst.

Erschöpfung statt Genuss

Vor einiger Zeit habe ich eine Online-Befragung zu den wichtigsten persönlichen psychischen Stärken im Beruf durchgeführt. Interessant und zugleich erschreckend: Genussfähigkeit landete auf dem letzten Platz. Offensichtlich führt die vielfältige Anstrengung in diesem Lebensbereich dazu, dass wir keine Freude mehr an dem empfinden, was wir tun. Und ist dies nicht auch in anderen Lebensbereichen der Fall? Erfreuen wir uns noch so intensiv wie früher an der Gestaltung unseres Gartens, die wir im Winter oft vermissen, oder am Kochen und Backen – etwas, wofür wir uns doch einmal begeistern konnten?

Gewohnheit und Routine, gesteuert von Betriebsamkeit und Tempo, haben deren Platz eingenommen. Wir versuchen in der gleichen Zeit immer mehr Aufgaben zu erledigen. Dies geht nicht nur zu Lasten der Qualität; es mindert vor allem Freude und Genuss. Schlinge ich am Arbeitsplatz anstatt eines Mittagessens ein Brötchen hinunter, werde ich nicht einmal schmecken, was ich esse.

Wir investieren immer mehr Geld und Zeit in den Wellnessbereich, z. B. für Urlaubsreisen in Hotels, die uns Entspannung versprechen und luxuriösen Komfort, Behandlungen von Thalasso bis Ayurveda, Massagen, Schröpfen, Yoga, Smoothies und vieles mehr offerieren. Wir vertrauen dem Versprechen, dass wir uns anschließend erholt und aufgetankt fühlen.
Ich selbst bin eine begeisterte Nutzerin von Wellnessangeboten. Daher weiß ich, dass die Einlösung dieses Versprechens eine wichtige Fähigkeit beim Empfänger voraussetzt: Er sollte sich auf das Angebot, den Genuss, auch einlassen können.

Wie sieht die Realität aus? Ich denke während der Kosmetikbehandlung an die kranke Freundin und beim Yoga an die unaufgeräumte Küche. Selbst im Urlaub schalte ich nicht ab: Das Handy ist in ständiger Reichweite. Und dann wundere ich mich, warum ich generell so unruhig bin, so schnell gereizt bin wenn das bestellte Essen aus ist oder ich auf einen Zug warte.

Was verhindert, dass wir unser Leben genießen?

a) wir sind überlastet

Die Müdigkeit, Energielosigkeit und verlorene Lebensfreude, die immer mehr Menschen um die Lebensmitte oder bereits früher spüren, werden nicht etwa durch das Altern, sondern durch anhaltende Überforderung verursacht.

Beispiel: Seit wie vielen Jahren ist es für Sie üblich, mehr als die normale Arbeitszeit zu arbeiten? Bei mir sind es 29 Jahre.

b) wir sind zu müde

Der gemeinsame Konsens aller Erklärungsversuche zu negativem Stress sieht ein Ungleichgewicht von Anforderungen und Ausgleich. Wir könnten so viel leisten – wenn wir uns erholen würden. Da wir es nicht tun, sind wir umso stressanfälliger.

Beispiel: Auch wenn ich jeden Tag Sport treibe, meditiere und koche, bleiben doppelt so viele Anstrengungsstunden.

c) negatives Denken

Wir sind mit den Gedanken immer woanders, meist bei Problemen, Sorgen, Unerledigtem. Schönes, Gutes und Angenehmes wird schnell übersehen.

Beispiel: Egal ob im Zug, beim Friseur oder am Schreibtisch, ständig schiele ich auf das Handy, damit ich nichts verpasse.

d) Unkonzentriertheit
Unsere Art zu denken, die neue Welt der Medien voller Ablenkungen, die Flut der Informationen führen zu neuen schlechten Gewohnheiten, z. B. mit den Gedanken ständig zu springen.

Beispiel: Ich muss mich bewusst daran erinnern, nicht während einer Buchrecherche parallel Mails zu beantworten.

»Leben ist wie Schokolade essen:
Voller Möglichkeiten, Freude und Genuss.«

Grübeln, Vergleichen, Unzufriedenheit

Der Bestätigungsirrtum

Der Bestätigungsirrtum besagt, dass unser Gehirn aufgrund seiner neurologischen Strukturen konsequent alles bei der Verarbeitung von Informationen herausfiltert, was nicht zu unserem Denken passt. Was wir kennen und glauben, das sehen wir. Von einhunderttausend Informationen, die zur Verfügung stehen, gelangen nur einige wenige in unser Bewusstsein. Das heißt ganz praktisch: Wenn Sie erwarten, dass Ihnen keiner hilft, werden Sie entsprechende Angebote übersehen.

Beispiel: Ich reise für meine Arbeit viel und bevorzugt mit dem Zug. Anlässlich eines Zugausfalls fuhr ich stattdessen mit dem Bus. Meine Erwartung war, das wird unbequem. Und so war es.

Vergleiche killen das Wohlbefinden

Ein gut bekannter Gedanke ist, dass früher scheinbar »alles besser war«, Schuld an diesem Gefühl ist, dass sich unser Gehirn an alles gewöhnt. Der Glücksbotenstoff Dopamin nutzt sich ganz schnell ab. Dann nehmen wir glückliche Umstände nicht mehr als solche, sondern als selbstverständlich wahr. Egal was Sie verdienen, es wird dann nicht mehr genug sein. Egal wie abwechslungsreich Ihre Arbeit ist, Sie werden es nicht mehr sehen.

Wenn Sie »bessere« Zeiten oder gesellschaftliche Ideale als Vergleichsmaßstab nehmen, können Sie nur verlieren. Denn die Art, wie wir vergleichen, muss uns unglücklich machen. Wir schauen nicht zur Seite. Wir schauen erst recht nicht nach hinten. Wir schauen nach vorn auf Spitzenleistungen, auf mit Bildprogrammen bearbeitete Fotos, und da findet sich immer jemand, der schlauer, schicker, geduldiger oder netter ist als wir.

Beispiel: Ich vergleiche manchmal die Besucher meiner Webseite mit Kollegen. Das macht mich immer unglücklich. Weil die meisten bessere Ergebnisse haben. Wozu also mache ich das?

Der Zeigarnik-Effekt

Sie haben fast ohne Pause durchgearbeitet und gehen am Abend erschöpft, aber unzufrieden mit dem Gefühl »wo ist denn dieser Tag hin, ich habe doch gar nichts geschafft« nach Hause. Hier sind Sie dem Zeigarnik-Effekt in die Falle gegangen. Damit wird beschrieben, dass uns unerledigte Dinge nicht loslassen, wir uns gedanklich immer wieder damit befassen und uns unwohl fühlen.

Beispiel: Wenn ich meine Newsletter veröffentliche nutze ich die Themen gleichzeitig für Onlineportale. Manchmal schaffe ich es nicht, sie dort einzustellen. Dann ärgere ich mich darüber statt froh zu sein, dass immerhin der Newsletter verschickt ist.

Unser Gehirn liebt Katastrophen

Die Tendenz, sich mental auf Probleme oder Gefahren zu konzentrieren, wird in der Psychologie das »katastrophische Gehirn« genannt. Was nehmen Sie aus den vielen Informationskanälen in unserem Alltag wahr? Das eine gute Beispiel oder die vielen negativen, die zu unseren Sorgen passen? Worüber sprechen Sie beim Abendessen? Über die vielen angenehmen Kunden oder Mitarbeiter oder den einen, der Sie heute verstimmt hat?

Beispiel: Ich habe gerade einen schmerzenden Fuß wenn ich laufe. Ich denke ständig darüber nach, warum es weh tut, wo es weht tut, wie es weh tut. Statt mich zu freuen, dass im Sitzen nichts weh tut.

»Ohne negative Gedanken gibt es keine negativen Gefühle.«

Denkpause
Wie lassen Sie sich das Glück besonders schnell verderben?

--- 10 Minuten ---

Ausreden statt glücklich sein

Lassen Sie uns nun die wichtigsten Irrtümer zum Positiven Denken zusammentragen, damit Sie es besser wissen und machen können.

Die grundsätzlichen Irrtümer

Positives Denken ist Veranlagung
Früher dachte man, dass wir als optimistische oder pessimistische Denker geboren würden und nichts dafür können, so zu sein. Heute wissen wir, dass zu 50 Prozent unsere Anlagen erklären, wie unterschiedlich leicht oder schwer es uns fällt, »gut drauf zu sein« oder/und positiv zu denken. 10 Prozent erklären die Lebensumstände. Zu 40 Prozent haben wir es in der Hand, was wir aus unserem Leben machen und wie wohl wir uns fühlen.

Positiv denken sollen erst mal die anderen
Wenn mein Mann anders drauf wäre, wenn meine Kunden sich anders verhalten würden, dann wäre es leichter, gut drauf zu sein. Wer darauf wartet, dass das Leben sich verbessert, kann eventuell vergeblich warten, denn wir können nur einen Teil davon beeinflussen. Im Unterschied zu unseren Gedanken. Die haben wir vollständig in der Hand.

Positives Denken ist nicht so wichtig
Negative Emotionen haben auf unseren Körper einen viel schädlicheren Einfluss als gute ausgleichen können. Deshalb geht die positive Psychologie davon aus, dass es ein Verhältnis von mindestens 3 zu 1 von positiven zu negativen Momenten geben sollte, damit Menschen langfristig gesund sind. Auf einmal Ärgern darf sozusagen drei Mal Freuen kommen.

Positives Denken macht Druck
Wir leben in einer Zeit der Selbstoptimierung. Überall wollen wir besser werden oder sein, mehr haben oder erreichen. Scheinbar ist nichts mehr gut genug, so wie es ist. Wenn dann noch der Anspruch hinzukommt, stets gut drauf zu sein und den steten positiven Blick auf die Welt zu haben, kann das richtig stressen. Doch wer bestimmt die Ansprüche an uns selbst? Wir selbst!

Die praktischen Irrtümer

Positives Denken macht schwach

Im Gegenteil. Die kognitive Leistung verbessert sich bei guter Stimmung sogar. Emiliano Albanese von der Universität Genf hat die kognitiven Fähigkeiten junger Erwachsener ausgewertet. Er fand, dass eine unfreundliche Einstellung wie 10 Jahre Alterung auf das Gehirn wirkt. Die Teilnehmer des Experiments sollten sich an 15 Wörter erinnern. Die aggressivsten Teilnehmenden merkten sich im Schnitt 0,16 Wörter weniger als die am wenigsten aggressiven. Dies ist nicht verwunderlich, da unsere Gefühle und Gedanken unser Gehirn formen.

Positives Denken funktioniert nicht

Immer wieder beklagen Menschen, die anders denken und fühlen wollen, dass dies nicht funktioniert habe. Das könnte an zu wenig Ausdauer liegen. Denn oft haben wir über Jahrzehnte das alte Denken trainiert und hoffen dann, in wenigen Wochen alles zu ändern. Von Violinisten und Schachspielern ist bekannt, dass außergewöhnlich gute in der Regel 10 Jahre bzw. 10.000 Stunden Übung dafür benötigt haben.

Positives Denken ist zu anstrengend

An der Cardiff School of Health Science der Cardiff Metropolitan University wurde an einer neuen Definition von Wohlbefinden gearbeitet. Stabiles Wohlbefinden entsteht, wenn ein Individuum die psychologischen, sozialen und physischen Ressourcen hat, die es braucht, um einer Anforderung gerecht zu werden. Wohlbefinden klingt immer so gemütlich nach Urlaub machen. Doch es ist im Gegenteil ständig höchst dynamisch, aktiv und engagiert. Kurzum: Es tut am Ende gut, wenn wir uns am Anfang anstrengen.

Positives Denken ist wie Sandburgen bauen

Gabriele Oettingen hat in ihrer Forschung nachgewiesen, dass das ausschließliche Schwelgen in Zukunftsphantasien dazu führen kann, dass wir nicht handeln. Neben dem Formulieren von Wünschen und Zielen geht es also auch darum, die Wege zum Ziel und die dafür notwendigen Handlungen in positive Visionen einzubeziehen.

Positives Denken führt zum Übersehen von Gefahren

Optimisten sind bekannt dafür, dass sie sich manchmal zu wenige Gedanken machen, zum Beispiel um ihre Gesundheit und dann Vorsorgeuntersuchungen nicht wahrnehmen. Oder dass sie die Risiken für Entscheidungen nicht nüchtern genug abwägen. Falls Sie dazu neigen, in diesem Sinne übermütig zu sein, suchen Sie sich passende Menschen an Ihrer Seite, die das ausgleichen.

Positives Denken macht gesund

Das wissen wir nicht genau. Viele Studien zeigen, dass glückliche Menschen gesünder sind, doch was ist Henne, was ist Ei. Wahrscheinlich verstärken sich beide.

Positives Denken heißt, die Augen vor der Realität zu verschließen

Vermeiden, verhindern, verbergen, unterdrücken, gehören nicht zum Positiven Denken. Sondern höchstens, beide Seiten einer Situation zu sehen. Neben der unangenehmen, schmerzlichen, enttäuschenden auch das Gute und Beglückende, das trotzdem immer noch da ist.

Positives Denken braucht Zeit, die ich nicht habe

Sie sind der Dreh- und Angelpunkt Ihres Lebens. Nur Sie wissen, was Ihnen guttut, zu Ihnen passt, wichtig ist. Egoistisch ist, nicht gut für sich zu sorgen. Weil wir dann erwarten, dass unser Wohlbefinden von außen kommt, von anderen Menschen und Dingen. Das einzige Ergebnis davon sind Konflikte und Enttäuschungen. Wenn jeder besser mit sich selbst umginge, bewusster für sein Wohlbefinden sorgte, dann hätten wir weniger Neid, Misstrauen, Scheidungen. Ein Weg zu Wohlbefinden ist das Positive Denken.

Für Positives Denken muss es erst einmal Positives geben

Wer nicht zufrieden ist mit dem, was er schon hat, wird es wahrscheinlich auch nicht mit dem sein, was er sich wünscht. Zufriedenheit, die an äußeren Bedingungen hängt, ist anfällig, weil sich die Bedingungen stets ändern. Zufriedenes Denken ist die Kunst, das, was da ist, wertzuschätzen. Wenn dann noch Besseres hinzukommt, schön. Wenn nicht, auch kein Problem.

Positives Denken geht nur in der Freizeit

Falsch, denn wir sind überall die gleiche Person mit dem gleichen Geist. Der erste Schritt zu mehr Arbeitslust statt Arbeitslast liegt in der Erkenntnis, dass wir unsere Haltung verändern müssen. Arbeit hindert uns nicht am Leben, sie ist ein (auch zeitlich gesehen) wesentlicher Bestandteil unseres Lebens. Wir müssen in unserem Tun wieder Freude, Genuss und Erfüllung finden und sollten unsere Arbeit nicht länger von unserem Leben abgrenzen.

»Glück ist was wir daraus machen.«

Denkpause

Welche Zweifel haben Sie in Sachen Positives Denken?

--- 10 Minuten ---

Negatives Denken als Gewohnheit

Wie machen Sie sich selbst unglücklich?

Natürlich nimmt sich niemand vor: »Heute wird es mir richtig schlecht gehen«. Das geschieht viel subtiler, vor allem durch unsere Denkgewohnheiten. Zum Beispiel durch unrealistische Hoffnungen wie die, dass der Partner einfach wissen sollte, was uns gerade guttun könnte. Und dass er dies dann bitte schön auch noch tun möge. Gleichermaßen eintreten kann das durch endlose Beschäftigung mit Ärgernissen oder Enttäuschungen. Während der Chef das Gespräch schon längst vergessen hat, »kauen« wir noch an einer Bemerkung von ihm.

Beispiel: Nach Vorträgen wird meine Arbeit von den Teilnehmern oft bewertet. Manchmal bleibe ich an einer einzelnen mittel guten Bewertung hängen statt die vielen sehr guten zu schätzen.

Was verführt Sie dazu, negativ zu sein?

Sind Sie unzufrieden mit Ihrem Körper, Fitness, der Beziehung? Spekulieren oder interpretieren Sie, weil es Gerüchte in der Firma gibt? Fragen Sie sich lieber, was wirklich geschehen ist. Ihr Chef hat jemand anderen befördert. Dass Sie derjenige sind, der bereits länger auf eine Beförderung wartet ist eine Tatsache. Dass er Sie nicht leiden kann, eine Spekulation.

Beispiel: Zu Beginn meiner Vortragstätigkeit habe ich viel Kaltakquise betrieben und war enttäuscht, wenn auf mein Angebot keine Reaktion erfolgt. Ich dachte, dass mein Angebot nicht gut genug sei. Heute weiß ich, dass die Empfänger manchmal einfach keine Zeit haben.

Wie lautet Ihr Lebensmotto?

Vielleicht ist es Ihnen bewusst, vielleicht aber auch nicht. In jedem Fall handeln und denken wir nach Grundsätzen wie »das Leben ist schwer« oder »es gibt immer Licht am Ende des Tunnels«.
Schon an diesen beiden Beispielen dürfte klar sein, was die Folge der verschiedenen Denkrichtungen ist. Wir werden mehr vom einen bzw. anderen erleben.

Beispiel: Mein Motto lautet inzwischen »Das Leben ist so wunderschön und es kommt noch viel besser«.

Welchen Ballast schleppen Sie mit sich herum?

Ich erlebe immer wieder, wie sehr Menschen sich mit einer unaufgeräumten Vergangenheit selbst im Weg stehen. Der Expartner, dem wir nicht verzeihen, die Geschwister, mit denen wir nicht mehr sprechen, die Enttäuschung über einen nicht erfüllten Berufswunsch sind Beispiele dafür, dass wir die Lasten und Konsequenzen der Vergangenheit heute noch tragen, statt sie dort zu lassen, wo sie hingehören.

Beispiel: Ich habe viel mit Marketing-Agenturen gearbeitet und hatte selten die Ergebnisse, die ich mir wünschte. Diese Enttäuschung habe ich leider zu jeder neuen Agentur mitgenommen.

Was erwarten Sie von sich?

Erwartungen haben ihre Tücken. Zum einen nehmen wir nur das wahr, was dazu passt, zum anderen verhalten wir uns genau dazu passend, sodass kaum etwas anderes eintreten kann. Wenn ich erwarte, dass der Kunde heute wieder schlechte Laune hat, werde ich nur seinen strengen Blick sehen und mich schon in Erwartung der Begegnung schlecht fühlen.

Beispiel: Eines meiner Bücher war auf einer Bestsellerliste. Das Buch danach hatte es richtig schwer mit mir, weil es das nicht war und ich die guten Verkaufszahlen nicht genug gewürdigt habe.

Mit wem vergleichen Sie sich?

Vergleiche sind oft Glückskiller. Denn die Art, wie wir vergleichen, ist nicht objektiv, sondern subjektiv und oft zu unseren Ungunsten. Von glücklichen Menschen weiß die Forschung, dass sie seltener vergleichen, insbesondere dann, wenn sie nicht gut dabei abschneiden. Es gib nämlich immer einen Menschen, der intelligenter, reicher, schlanker, netter ist als wir. Das Vergleichen erzeugt einen Konkurrenzdruck, der uns hetzen und kämpfen lässt. Dies meist auch noch völlig sinnlos, wie z. B. bei der Wunschfigur. Da messen wir uns an früher oder an mittels Photoshop geschönten Idealen, die nicht nur nicht erreichbar sind, sondern uns ständig unglücklich machen. 10 Jahre später wären wir dann froh, wenn wir den Körper von damals hätten.

Beispiel: Ich finde eine gesunde Bräune sehr attraktiv. Leider werde ich nicht braun sondern nur rot und krank. Früher habe ich mir trotzdem einen Sonnenbrand nach dem anderen geholt.

Was tun Sie für Ihre psychische Gesundheit?

Enthusiastische, positive Menschen sind aufgrund der Aktivitäten im linken präfrontalen Kortex neugierig und energievoll und können sich an den kleinen Dingen des Alltags mehr freuen. Ist der rechte präfrontale Kortex aktiv, sind wir nervös, gestresst, ängstlich. Je häufiger Sie gute Gedanken haben, sich für etwas begeistern, angenehme Dinge tun, sich entspannen oder meditieren, umso mehr trainieren Sie die linke Seite. Man geht gelassener mit Stress um, sorgt sich weniger und ist kreativer. Positives Denken fördert die Resilienz, die Fähigkeit, die Schwierigkeiten des Lebens zu meistern. Wer gut drauf ist, hat den besseren Überblick, das bessere Problemlöseverhalten und ist weniger schnell aus der Balance zu bringen.

Beispiel: Ich nutze die vielen Möglichkeiten auf Youtube für geführte Meditationen. Auf jeden Fall einmal am Tag, gern zwei Mal. Denn Psychohygiene ist in meinen Beruf besonders wichtig.

Geht es Ihnen besser, als Sie glauben?

Wir scheinen uns eine Parallelwelt in unserem Kopf zu erschaffen, in der wir gar nicht sehen, wie gut es uns geht, wie hervorragend unsere Arbeits- und Lebensbedingungen sind. Unser Gehirn passt sich an, der gleiche Kuchen schmeckt beim zehnten Mal lange nicht mehr so gut wie beim ersten. Wir übersehen deshalb gern, wie viel Gutes und Wertvolles wir haben, weil es ganz selbstverständlich geworden ist.

Beispiel: Wenn ich mal eine schlechte Zeit zu haben scheine mache ich eine Liste mit Dingen, für die ich dankbar bin. Denn ich weiß zwar, dass ich eine schöne Wohnung habe, doch vergesse dies wenn ich mich über Freunde ärgere, die sich nicht melden.

Sind Sie stresssüchtig?

Das Stresshormon Cortisol wird vom Körper produziert, um die notwendigen Anpassungsreaktionen zu steuern. Wir atmen schneller, die Muskeln werden angespannt, Körper und Geist werden in Bruchteilen von Sekunden darauf vorbereitet, eine Veränderung zu bewältigen, einer Gefahr zu entkommen. Das ist die gute Seite, sonst wären wir nicht handlungsfähig und würden im Übrigen auch morgens das Bett kaum verlassen. Die andere Seite der Medaille ist, dass Cortisol im Körper wie eine Droge wirkt und abhängig macht. Das Gehirn bevorzugt Bekanntes, selbst wenn es nachteilig für uns ist. Deshalb wiederholen wir Dinge und Situationen, die uns schaden. Der Teufelskreis ist schwer zu durchbrechen und irgendwann wird Stress als Normalzustand erlebt, den man immer wieder sucht. Das geschieht ganz unbewusst und automatisch. Wir schaffen Erlebnisse und Umstände, die uns stressen, weil das vertraut ist.

Wie gut gehen Sie mit sich um?

Wenn Sie jetzt den Eindruck gewonnen haben, dass es immer wieder um Sie geht, dann haben Sie vollkommen Recht. Alles ergibt sich daraus, wie Sie mit sich umgehen. Sie strahlen aus, ob Sie es gut mit sich meinen oder nicht. Sie sind ein lebendes Modell für Familie, Freunde, Mitarbeiter. Nur wenn es Ihnen gut geht, können Sie gut für andere da sein, denn noch nie hat ein Zahnpastastreit zwischen glücklichen, entspannten Menschen stattgefunden. Und falls Sie Sorge haben, als egoistisch abgestempelt zu werden, kann ich Sie beruhigen: Zum einen sind wir meist weit entfernt von wirklicher Fürsorge für uns, so dass die Gefahr der Übertreibung gering ist. Zum anderen zeigt die Forschung, dass Menschen, denen es gut geht, sozialer, hilfsbereiter und engagierter für andere sind.

»Sich Gutes tun fängt beim Denken an.«

Denkpause
Wie genau hat Stress Sie im Griff?

--- 10 Minuten ---

Das schlechte Gewissen

Die bislang besprochenen Gegenspieler des positiven Denkens erhalten weitere Verstärkung durch einen permanenten Konflikt zwischen Innen und Außen. Ich fasse diesen Widerspruch zwischen den eigenen Bedürfnissen und dem Wunsch, es allen recht zu machen, alles zu erledigen zusammen als »schlechtes Gewissen«.

Das schlechte Gewissen hält uns davon ab, bei Entscheidungen unsere eigenen Interessen wichtig genug zu nehmen. Entscheiden wir uns trotzdem für unsere Bedürfnisse, z. B. den Yogakurs nach der Arbeit, fühlt sich das schlecht sowohl gegenüber der Familie als auch dem Arbeitgeber an. Entscheiden wir uns dagegen – auch. Denn dann kommen wir selbst – wieder einmal – zu kurz.

Ein schlechtes Gewissen schränkt unseren Handlungsspielraum und unser Wohlbefinden ein, und das Fatale ist – das schlechte Gewissen ist eine Fiktion, eine Hypothese, die wir haben. Sie werden vielleicht einwenden, dass es schon Fälle gibt, wo jemand ein schlechtes Gewissen haben sollte, z. B. wenn jemand gestohlen oder betrogen hat. Ich glaube, selbst da nützt es nichts, denn die Tat ist bereits begangen. Es geht auch dort eher um Einsicht und vor allem Lösungen, damit sich so etwas nicht wiederholt. Für solche Denkleistungen brauchen wir einen guten Zustand. Wer hat den schon mit schlechtem Gewissen?

In der Regel ist das schlechte Gewissen doch eher ein »Was-wäre-wenn-Spiel«. Wir haben ein schlechtes Gewissen, wenn wir Urlaub nehmen und alle im Büro überlastet sind, Mütter haben ein schlechtes Gewissen, wenn sie arbeiten und nicht bei ihren Kindern sind oder umgekehrt. Wenn wir mehr haben wollen als andere haben, das größte Stück nehmen, ja selbst wenn wir Erfolg haben, gibt es das schlechte Gewissen. Oder wir fragen uns, ob wir diesen Erfolg oder dieses Gute auch wirklich verdient haben. Gemeinsam ist allem, dass es keinen objektiven Maßstab gibt. Was sich »gehört« und »richtig« ist, ist ein gesellschaftlich vermittelter, am Ende aber subjektiver Maßstab.

Dabei gibt es bei allem, was wir tun, ein einheitliches Prinzip. Je mehr wir etwas erzwingen wollen, je mehr wir uns ohne Freude anstrengen, desto seltener gelingt es. Je mehr wir uns beim Essen verbieten, desto größer wird der unkontrollierbare Heißhunger. Je mehr wir uns abrackern, der Familie alles recht zu machen, desto mehr wird erwartet. Je häufiger wir abzunehmen versuchen, desto mehr wächst das Gewicht. Je verzweifelter wir nach einem Partner suchen, desto seltener spricht uns jemand an usw.

Machen Sie sich Folgendes klar: Ihre Gedanken, auch die Vergleiche, Zweifel, Bewertungen, das schlechte Gewissen, sind nur Gedanken. Sie sind keine allgemein gültige Realität.
Durch ein schlechtes Gewissen werden wir erzogen, gelenkt und beeinflusst. Wenn Menschen uns ein schlechtes Gewissen machen, heißt das noch lange nicht, dass sie richtig liegen.

Nur wir allein müssen schließlich mit der Konsequenz dessen leben, was wir im Alltag tun oder lassen. Auch Sie haben bestimmt schon erlebt, dass andere ganz erstaunt fragen »warum hast Du denn nichts gesagt?«, wenn Ihnen nach allem Zurückstecken endlich der Kragen platzt oder Sie unter dem Weihnachtsbaum einschlafen.

Wenn die Methode »Mühe« plus schlechtes Gewissen in unserem Leben nicht funktioniert, wird es höchste Zeit, die Methode selbst in Frage zu stellen und nicht unseren Einsatz!

Die Alternative heißt »bewusste positive Entscheidung«: Das, was wir tun, mit Freude zu tun. Weil wir wollen – und nicht, weil wir müssen. Alles wird uns so nicht nur leichter von der Hand gehen, wir werden auch schneller und sicherer zu den gewünschten Ergebnissen kommen. Die Erklärung dafür ist recht einfach: Wenn wir im Status negativer Gefühle sind, regiert unser menschheitsgeschichtlich älteres Emotionshirn und zieht Energie ab. Wir sind in einem Strudel von Ärger, Frust, Sorge oder Angst gefangen. Als älterer Gehirnanteil reagiert das Emotionshirn schneller und einflussreicher als das jüngere Denkhirn mit seinen guten Vorsätzen. Ja es kann dieses sogar abschalten und dann können wir nicht mehr sinnvoll denken, sind weniger produktiv oder verhalten uns ganz anders, als wir es uns vorgenommen haben.

Kehren wir das Ganze um, fühlen wir uns gut, sind im Status von Freude, Genuss, Wohlbefinden. Wir haben Energie UND können gut denken

– die optimale Kombination, um allen Anforderungen des Lebens gewachsen zu sein. Und auch Ihre Kollegen haben mehr von Ihnen, wenn Sie strahlend pünktlich Feierabend machen, anstatt mürrisch dazubleiben. Ihre Familie spürt genau, ob Sie das Treffen mit Freunden zwar zu Gunsten des gemeinsamen Abendessens gestrichen haben, aber in Gedanken gar nicht anwesend sind.

Kommen Sie sich selbst auf die Schliche, wenn das schlechte Gewissen Sie quälen will: Fragen Sie sich, ob Sie gerade etwas Konstruktives, Sie vorwärts Bringendes, auch nur minimal Nützliches denken, oder nur destruktiv und selbstquälerisch sind.

Machen Sie sich bewusst: Positives Denken darf in den Mittelpunkt Ihres Lebenskonzeptes rücken. Nur wenn es Ihnen gut geht, profitieren alle davon. Wenn Sie Dinge tun, weil Sie wollen und nicht müssen, werden Sie sich viel besser fühlen und doppelt so effektiv sein. Glückliche Menschen leben länger und gesünder, sind produktiver, haben zufriedenere Kunden und Mitarbeiter und können Krisen besser meistern.

Wie wäre es mit der Entscheidung, dem schlechten Gewissen eine Dauerpause zu gönnen?

Beispiel: Ich esse wirklich gern und gern viel. Am liebsten trinke ich noch einen Wein dazu. Es fällt mir schwer, dabei ein vernünftiges Maß zu halten. Inzwischen bejahe ich das und gleiche durch Phasen des Verzichtes aus.

»Das Leben ist wie eine Pralinenschachtel: Ich habe immer eine Wahl.«

Denkpause
Wann können Sie das schlechte Gewissen gut abstellen?

--- 10 Minuten ---

II. Wie werde ich glücklich ?

Theorie ist gut, Praxis ist besser, so heißt es. Deshalb können Sie nun ganz praktisch prüfen, wie ein ganz normaler Tag in Ihrem Leben aussieht. Welche mentalen Faktoren nützen einer positiven Haltung und einem guten Befinden, welche schaden? Beobachten Sie auch genau, wo Sie schummeln wollen!

Woran oder wie haben Sie heute ungünstig gedacht?
Markieren Sie was zutrifft.

- O Überforderung
- O Perfektionistisch
- O Zweifel
- O Grübeln
- O Angst, zu versagen
- O Problemfokus
- O Keine Pausen
- O Spekulieren
- O Interpretieren
- O Klatsch
- O Überheblich
- O Zeit verschwendet
- O Hetzen
- O Zeitdruck
- O Selbstmitleid
- O Beleidigt sein
- O Oberflächlich
- O Unkonzentriert
- O Essen schlingen
- O Frustessen
- O »Sollte«, »Müsste«
- O Vergleiche
- O Pessimistisch
- O Negatives Gedankenkreisen
- O Faule Kompromisse gemacht
- O Was denken andere
- O Geistige Kraft nicht sinnvoll verausgabt
- O Schlechtes Gewissen
- O Schlecht über mich/ andere
- O Länger als drei Minuten geärgert
- O Sich nicht gut genug fühlen
- O Stressabbau mit Computer, Handy
- O Fehlende Prioritäten
- O Mehreres gleichzeitig tun
- O Gefallen wollen
- O Laut werden
- O Nicht verzeihen
- O Übereilte Entscheidungen
- O Unordnung geschaffen
- O Vor dem Fernseher eingeschlafen
- O Zu schnell gefahren
- O Eigenes, nämlich: ...

Anzahl: ....

Woran oder wie haben Sie heute positiv gedacht?
Markieren Sie was zutrifft.

- O Lösungsfokus
- O Mutig
- O Aufmerksam
- O Etwas zu Ende gebracht
- O Positive Rückmeldung
- O Angst überwunden
- O Gut gesprochen
- O Schmetterlingsgefühle
- O Ziele formuliert
- O Tag geplant
- O Optimistisch
- O Ruhe erlebt
- O Selbstdisziplin
- O Gelacht
- O Wertschätzung
- O Dankbarkeit
- O Konzentriert gegessen
- O Ausreichend geschlafen
- O Meditiert
- O Freundschaft gepflegt
- O Singen, Tanzen, Musik
- O Massage, Wellness
- O Buch gelesen
- O Licht getankt
- O Jemandem geholfen
- O Verziehen
- O Positiver Perspektivwechsel
- O An Erreichtem gefreut
- O Etwas besser gemacht
- O Etwas Gutes für mich getan
- O Handypause
- O »Ja«/»nein« statt »vielleicht«
- O Entrümpelt
- O Etwas für meine Ziele getan
- O Positive Erinnerungen
- O Auf Wichtiges konzentriert
- O Gedankenkarussell gestoppt
- O Das Wichtigste zuerst
- O Eine Minute für mich genommen
- O Maximal 3 Minuten geärgert
- O Schmetterlinge im Kopf
- O Gut geschlafen
- O Pausen gemacht
- O Autogenes Training o. ä.
- O Liebe gepflegt
- O Kurzschlaf
- O Zärtlichkeit
- O Genuss
- O Mitgefühl gezeigt
- O Eigenes, nämlich: ...

Anzahl: ....

Addieren Sie Ihre »Stimmt«-Markierungen getrennt für die negative und positive Skala. Subtrahieren Sie die negative Zahl von der positiven Zahl und Sie erhalten Ihren Tageswert (geht auch für Wochen oder Monate).

Differenz positive-negative = ...

Auswertung

Negativer Gesamtwert (unter -10):
Höchste Eisenbahn, etwas zu unternehmen. Falls Sie sich nicht besonders wohl fühlen, kein Wunder. Denn Sie sabotieren sich selbst und haben gerade viel mehr Faktoren in Ihrem Leben, die Ihr Wohlbefinden hemmen anstatt es zu fördern. Sie sollten eine Entscheidung treffen, besser für sich zu sorgen. Wann, wenn nicht jetzt? Die Pluspunkte liefern Ihnen Ideen, womit Sie starten können.

Um 0 (-10 bis +10):
Ihre Wohlbefindens-Waage hält sich etwa in der Balance. Kann es sein, dass Sie schon bewusst gegensteuern, auch wenn Sie ein anspruchsvolles Leben haben? Das bringt Erfolge, also bleiben Sie dran. Es gibt trotzdem noch viel Spielraum zur Steigerung Ihres Wohlbefindens durch Positives Denken. Sie dürfen ruhig noch mehr Gutes erwarten und – tun.

Positiver Gesamtwert ab 10:
Großartig, je höher Ihr Wert ist, desto besser sorgen Sie für sich und so werden Sie sich auch fühlen. Bäume auszureißen, fabelhaft zu wirken und das Leben zu genießen, dürfte für Sie immer öfter in Frage kommen. Schrauben Sie ruhig Ihre Ansprüche an Ihr Leben weiter nach oben. Sie investieren in sich und das kommt immer zurück.

Es macht Sinn, den Test zu wiederholen. So können Sie sich Ihre Fortschritte ganz deutlich machen. Hier geht es zum Download:
www.ilonabuergel.de/selbst-analyse.

»Glück ist eine Frage der Bewertung und erfordert geistige Disziplin.«

Denkpause
Wie zufrieden sind Sie mit dem Ergebnis?

--- 10 Minuten ---

III. Positives Denken und Glück leben

Wir haben unsere Wertesysteme in den letzten Jahren zu unseren Ungunsten verändert. Technisierung und Individualisierung bringen viele Vorteile. Doch sie tun uns nicht gut, wenn wir sie nicht in ein menschliches Lebenskonzept integrieren. Wir verausgaben uns für Dinge, die uns nicht nachhaltig glücklich machen, und stellen uns selbst an die letzte Stelle. Wir selbst sind jedoch die Quelle unserer Kraft, die wir brauchen, um das zu leisten, was wir wollen und sollen. Unser Denken ist ein Geschenk für uns Menschen und ermöglicht uns Leistungen, die keine andere Spezies vollbringen kann. Doch es steht uns auch im Weg. Wir haben das Denken oft nicht im Griff, sondern das Denken uns. Wir sind außerdem zu häufig reaktiv statt proaktiv, wenn es um die Gestaltung unseres Lebens geht.

Gut wäre, wenn Sie sich immer wieder mit dem eigenen Denken befassen und prüfen, ob Sie so denken, dass Sie sich wohl fühlen. Denken und Fühlen, Wahrnehmung und Verhalten verstärken sich selbst. Geht es uns schlecht, denken wir schlecht, handeln wir schlecht und fokussieren uns auf noch mehr Schlechtes. Geht es uns gut, denken wir leichter gut, verhalten wir uns leichter gut und haben den Chancenkompass eingeschaltet. Das Glück und Wohlbefinden kommen uns sogar entgegen: Sie verstärken sich allein schon durch die Beschäftigung damit.

Warum sich Positiv Denken für Sie lohnt

Positives Denken fördert die Resilienz, die Fähigkeit, die Schwierigkeiten des Lebens zu meistern. Wer gut drauf ist, hat den besseren Überblick, das bessere Problemlösungsverhalten und ist weniger schnell aus der Balance zu bringen.

Das Genießen eines Erfolges oder eines schönen Ereignisses bringt Optimismus, künftig Ähnliches zu erleben. Der Genuss ist umso intensiver, je mehr Zeit wir uns nehmen, im Genuss schwelgen und dankbar dafür sind.

Positives, ressourcenorientiertes Denken stärkt das Immunsystem. Einer Untersuchung an Studenten zufolge erkranken Optimisten auch in stressigen Prüfungsphasen weniger leicht an Erkältungen, wie die Techniker Krankenkasse ermittelte.

Positive Zustände ermöglichen uns, zu wachsen. Menschen, denen es gut geht, sehen, nutzen und erweitern ihre psychischen Ressourcen und sind dadurch nicht nur kreativer, motivierter und energievoller, sondern auch hilfsbereiter und sozial engagiert. So entsteht ein sich selbst verstärkender positiver Kreislauf für uns und andere.

Wussten Sie, dass es einen Welttag des Glücks gibt? Offen gestanden, ich weiß es auch noch nicht so lange. Dieser Tag hat einen besonderen Hintergrund: Er entspringt einer im Juni 2012 verabschiedeten UN-RESOLUTION und der Idee, dass die Mitgliedsstaaten mehr Maßnahmen für das Glück und Wohlbefinden ihrer Bürger entwickeln. Das Streben nach Glück wurde als ein grundlegendes menschliches Ziel anerkannt und soll in eine neue Sicht auf das Wirtschaftswachstum integriert werden. Um daran zu erinnern, wurde der 20. März zum Internationalen Tag des Glücks erklärt.

Ich halte das für eine sehr wichtige Entscheidung, denn in vielen Industrieländern verbessern sich seit Jahrzehnten die objektiven Lebensbedingungen, die wirtschaftlichen und technischen Errungenschaften. Dies spiegelt sich jedoch nicht im Befinden der Menschen wider. Wir leben auf höchstem Lebensniveau und sehen und schätzen das kaum.

»Glückliches Denken ist eine bewusste Entscheidung, das Gute zu sehen.«

Sie können in jedem Alter loslegen

Pädagogen und Psychologen sind sich noch nie einig darüber gewesen, wie und warum sich Menschen verändern. Wie sehr sind wir durch unsere Anlage, Vergangenheit oder die Umstände geprägt? Die Glücksforschung hat sich, wie bereits erwähnt, darauf verständigt, dass sich die Unterschiede im Befinden von Menschen, d. h. wie leicht oder schwer es uns fällt, glücklich zu sein, zu etwa 50 Prozent durch die Disposition erklären lassen. Von den restlichen 50 Prozent sind nur zu 10 Prozent die Umstände für unser Befinden zuständig, zu 40 Prozent wir selbst. In diesem Rahmen möchte ich auch den Handlungsspielraum für Veränderungen beim Positiven Denken sehen.

Meist scheitern wir daran, dass wir uns eine Veränderung nicht vorstellen können, weil wir schon immer so oder so gelebt haben, so oder so gewesen sind. Da wir die Zukunft aus den Erfahrungen der Vergangenheit hochrechnen, haben wir kein Modell für das »Anderssein«. Aber in dem Augenblick, in dem wir selbst an die Möglichkeit einer Veränderung glauben, finden wir auch die passenden Schritte. Bitte bedenken Sie, was heute allein auf Körperebene möglich ist! Man kann sich die Schienbeine strecken lassen, um Größe zu gewinnen, die Hautfarbe und das Geschlecht werden verändert. Erst recht können wir so viele verschiedene Lebensstile leben wie noch nie vorstellbar, und mehrere berufliche Karrieren in einem Leben werden inzwischen zur Normalität.

Die aktuelle Gehirnforschung unterstützt außerdem den Denkansatz, dass Veränderungen in jedem Alter möglich sind. Wir können immer lernen und unser Gehirn kann immer neue neuronale Verknüpfungen schaffen, die für das Lernen notwendig sind. Besonders leicht fällt dies, wenn etwas Bedeutung für uns hat. Deshalb ist ein »Wofür« für Ihren Weg zu mehr Positivem Denken sehr wichtig.

Bei der Beschäftigung mit der Änderung von Denkgewohnheiten stoßen wir automatisch auf die Frage, welche Persönlichkeitsmerkmale veränderbar sind und welche nicht. Sie werden generell unterschieden in zwei Gruppen: »Traits« sind feste Eigenschaften, die kaum zu verändern sind. »States« sind variable Zustände, die situativ verschieden sein können. Wenn Sie sich diese beiden Ausprägungen an den Enden einer Skala vorstellen, gibt es dazwischen noch Nuancen: »state-ähnlich« (relativ stabil über die Zeit, aber beeinflussbar) und »trait-ähnlich« (relativ stabil und schwer zu ändern). Beispiele für States wären Stimmungen, für Traits Intelligenz oder ein Rechentalent. State-ähnliche Zustände sind Hoffnung, Resilienz und Mut, trait-ähnliche beispielsweise Neugier oder Verlässlichkeit.

Die gute Nachricht ist: Die uns interessierenden Varianten des Positiven Denkens wie Hoffnung, Optimismus oder Resilienz wurden in zahlreichen Untersuchungen als beeinflussbar, als »state-ähnlich« klassifiziert.

Neben der Möglichkeit zur Veränderung unseres Denkens haben wir für uns die Umsetzung der Veränderung. Auch hierfür gibt es Erkenntnisse, was besonders wirksam ist.

Beispiel: Meine Entscheidung, ein glücklicher Mensch zu werden, habe ich in der Lebensmitte getroffen. Meine Entscheidung, mein eigenes Unternehmen zu gründen, auch. Bei beiden Themen lerne ich jeden Tag dazu. Mal mit mehr, mal mit weniger Freude daran. Doch es geht.

»Wir ändern uns genauso viel, wie wir investieren.«

Denkpause
Welche Denkgewohnheiten haben Sie schon einmal verbessert?

--- 10 Minuten ---

7 Starthilfen für Positiv Denken

Bestimmt haben auch Sie schon das eine oder andere Buch gelesen oder Seminar besucht, um etwas in Ihrem Leben zu verändern. Die Hürde bleibt immer der Schritt von der Theorie zur Praxis. Das Durchdachte anzuwenden und in den Alltag zu integrieren. Ich habe deshalb Studien zu Glücks-, Wohlbefindens-, Dankbarkeits- oder Optimismustraining daraufhin geprüft, unter welchen Bedingungen der Erfolg am größten ist. Mit folgendem Ergebnis:

- Wenn ich mein Wohlbefinden selbst verbessern möchte,
- wenn ich überzeugt bin, dass dies gelingt,
- wenn ich mich deshalb anstrenge,
- wenn ich mein Tun variiere,
- wenn ich dranbleibe,
- wenn ich die Übungen gut in den Alltag integrieren kann,
- wenn die Übungen zu mir passen.

Was und wie wir üben, sollte im besten Fall auch noch Spaß machen. Das ist ein Unterschied zu den in der klassischen Therapie häufig stattfindenden Wiederholungen der Defizite oder negativen Ereignisse. Zu etwas Angenehmen rafft man sich einfach eher auf, so dass das Tun Erfolg bringt und der Erfolg wiederum zum Tun motiviert.

Beispiel: Ich trainiere positiv zu denken gleich morgens und zwar schon im Bett. Ich starte mit einigen Wiederholungen von »Ich liebe mich«, »Ich liebe meinen Körper« und »Ich liebe mein Leben« und zwar unabhängig davon, wie ich mich aktuell fühle.

»Kein Erfolg ist zu klein, um sich daran zu freuen.«

Glücksbeispiele für jeden Tag

Besonders den Faktor Freude beim Tun habe ich bei Ihrem Praxismaterial beachtet. Sie erhalten 20 positive Impulse, bei denen einfach schon das Lesen gut tut. Wenn unser Gehirn noch dazu etwas erklärt bekommt, einen guten Grund für eine neue Denkrichtung hat, lernen wir besser.

Außerdem ist jeder Impuls eine Anregung, den bevorstehenden Tag – wenn Sie morgens lesen, heute, wenn Sie abends lesen, morgen – in einem neuen, positiven Sinn anzugehen und Ihre Gedanken und Ihre Wahrnehmung zu lenken.

Abends in der Zeit zwischen aktivem Wachbewusstsein und Schlaf ist das Gehirn besonders aufnahmefähig. Morgens ist die Zeit zwischen Lesen und Umsetzen kürzer. Ein fester Zeitpunkt für Ihr Aktivität zum Lernen des Positiven Denkens z. B. morgens vor dem Frühstück oder abends nach dem Zähneputzen hilft Ihnen, dran zu bleiben.

Sie können mit den Impulsen spielen. Eine Tagesaufgabe oder Monatsaufgabe für sich, Ihre Familie oder Ihr Team daraus machen. Sie sich gegenseitig vorlesen. Einmal laut, einmal leise lesen usw. Wählen Sie die Reihenfolge nach Ihren Interessen aus. Wiederholen Sie, überspringen Sie. Verändern Sie so, wie es zu Ihnen passt.

Das Material ist so aufgeteilt, dass Sie für das Lesen, Verarbeiten und Individualisieren eines Impulses maximal 10 Minuten benötigen. Lesen Sie den Text ruhig mehrmals und LANGSAM, damit er gut wirkt. Überdenken Sie das Gelesene. Dann finden Sie auch ganz leicht passende Erinnerungen, die das Gelesene verstärken.

Jeder Impuls ist eine Erlaubnis für Sie, anders zu denken und glücklich zu sein. Sie finden im Text immer eine Begründung, warum das wichtig ist, so dass Sie bei der Umsetzung ein gutes Gewissen haben dürfen.

Denkpause
Entscheiden Sie sich: Wie wollen Sie am besten vorgehen?

--- 10 Minuten ---

Tagesidee 1

Glück im Arbeitsumfeld

Wir Deutschen zeigen allzu gern auf unsere Arbeit, wenn wir uns gestresst und unwohl fühlen. Doch das stimmt so nicht, wie meine eigene Forschung ergab.

Vielmehr machen wir uns zu viele Gedanken, wollen zu viel auf einmal abarbeiten und erhöhen permanent die Anforderungen an uns selbst. Das Arbeitstempo stecken wir mehr oder weniger weg. Auch der zunehmende Mail-Verkehr oder fehlende Motivation sind nicht die Hauptfaktoren für Stress am Arbeitsplatz. Sondern durch die vielen, oft negativen, Gedanken werden wir unzufrieden, häufiger krank und somit unproduktiv. Unsere Art zu denken und zu leben hat einen viel größeren Einfluss auf den Stress bei der Arbeit als bislang angenommen.

Deshalb ist es sinnvoll, besser mit sich selbst umzugehen. Tun wir nicht länger so, als ob es uns gut ginge, sondern sorgen wir ab sofort dafür, dass es uns gut geht. Investieren Sie in sich selbst, damit es Ihnen gut geht. Warten Sie nicht länger darauf, dass sich die Umstände verbessern, die Kollegen wieder gesund sind und die Kunden schneller zahlen. Jetzt sind Sie dran. Denn nur, wenn es Ihnen gut geht, haben Sie etwas abzugeben. Eine positive Haltung zu sich selbst ist die Grundlage jedes positiven Verhaltens und Denkens gegenüber anderen.

Regt sich bei Ihnen jetzt die Sorge, ein Egoist zu sein? Gut für sich sorgen, heißt nicht, schlecht für andere zu sorgen. Menschen, denen es gut geht, wenden sich automatisch ihren Mitmenschen zu, helfen und verbreiten gute Gefühle. Glückliche Menschen sind produktiver, gesünder und verdienen mehr. Der Gewinn liegt auf individueller und gesellschaftlicher Ebene.

Welche Person fällt Ihnen als erstes ein, die dies erfolgreich umsetzt?

Das gute Gewissen
Wenn ich mich wohl fühle, überträgt sich das auf Kunden, Mitarbeiter und Kollegen.

Welche Situation fällt Ihnen ein, in der Ihnen das schon einmal gelungen ist?

Tagesidee 2

Glück der kleinen Momente

Die meisten Menschen sind statistisch gesehen glücklich, merken es aber oft nicht, weil sich andere Gedanken und Gefühle in den Vordergrund schieben. Wir vergleichen mit fremden Idealen, haben wir ein Ziel erreicht, folgt sofort das nächsthöhere und wir nehmen Kleinigkeiten viel zu schwer. Anstatt immer nur auf den Großauftrag, den Spitzenurlaub zu warten, zahlt es sich aus, jeden noch so kleinen Erfolg, jede kleine Freude, jede gute Gelegenheit, alles, was besser läuft als gedacht, wahrzunehmen und zu schätzen. Dies gilt vor allem für die Menschen und Dinge, die scheinbar ganz selbstverständlich in unseren Alltag gehören wie unser Lieblingsnachbar, die sympathischen Kunden, der moderne Schreibtisch oder der kostenlose Kaffee im Büro. Wir gewöhnen uns daran ganz schnell und übersehen sie dann. Vor allem in problematischen Zeiten sind sie eben auch immer da und helfen, negative Gefühle und Gedanken zu relativieren.

So können Sie sich viel häufiger wohlfühlen und sind zufriedener. Sie können die kleinen Dinge des Lebens auch viel besser beeinflussen.

Robert Biswas-Diner und Ben Dean beschreiben, dass Glück eine emotionale Komponente hat, nämlich die Gefühle, und eine kognitive, die Zufriedenheit. Es ist also die Summe der guten Gefühle plus die Bewertung, wie befriedigend diese sind. Wichtig zu betonen ist, dass Glück selten unglaublich intensiv und ekstatisch ist, sondern eher ein ruhiges Wohlgefühl.

Wenn Sie die guten Dinge sehen und schätzen, bringt Sie dies in eine positive Stimmung. Diese wiederum führt Sie dazu, dass Sie mehr Gutes sehen und schätzen. Sie starten einen positiven Kreislauf.

Welche Person fällt Ihnen als erstes ein, die dies erfolgreich umsetzt?

Das gute Gewissen

Wenn ich kleine Dinge sehe, die klappen, rege ich mich zu Hause viel seltener auf.

Welche Situation fällt Ihnen ein, in der Ihnen das schon einmal gelungen ist?

Tagesidee 3

Glück trotz Störungen

Die Kunden, der Chef, die Umstände: Manches ist anders, als wir es uns wünschen. Leider reagieren wir aus vielen Gründen oft passiv und lassen etwas über uns ergehen, anstatt die Verantwortung für unser Wohlbefinden selbst in die Hand zu nehmen. Zugluft, Zuspätkommer, wacklige Schreibtische, unordentliche Autos, Unaufmerksamkeit... Unbemerkt verderben uns ärgerliche oder kritische Gedanken darüber die gute Laune. Und das immer wieder, weil die unangenehmen Umstände gleich bleiben.

Im Coaching gibt es einen Spruch: Man kann eine Situation akzeptieren, ändern oder verlassen. Verlassen kommt nicht immer in Frage. Weil es gute Gründe dagegen gibt oder der Aufwand zu hoch ist. Akzeptieren würde bedeuten, mental Frieden zu schließen mit dem, was stört. Das hieße konsequenterweise auch, sich damit gedanklich nicht mehr zu befassen. Manchmal liegt die Lösung im Kümmern. Denn wenn wir anderen Menschen nicht sagen, was stört, haben sie keine Chance, es zu ändern. Wenn wir kaputte Dinge nicht reparieren, bleiben sie kaputt. Werden Sie aktiv. Dort, wo Sie es beeinflussen können. Machen Sie Vorschläge, bringen Sie sich ein und bleiben Sie dran. So manche gute Idee ging verloren, weil der Denker zu schnell aufgegeben hat.

Sie leisten viel und dafür brauchen Sie gute Bedingungen – für die Sie in Ihrem Leben mit zuständig sind. Ja, auch ich denke manchmal: »Warum immer ich?«. Doch am Ende geht es ja um uns und niemand kennt uns so gut wie wir uns selbst. Und wir gewinnen dabei.

Welche Person fällt Ihnen als erstes ein, die dies erfolgreich umsetzt?

Das gute Gewissen
Wenn sich etwas verbessert, nützt das immer mehreren Menschen.

Welche Situation fällt Ihnen ein, in der Ihnen das schon einmal gelungen ist?

Tagesidee 4

Glück durch Zufriedenheit

Sicher kennen Sie das Gefühl, nach Feierabend oder sogar im Urlaub ständig erreichbar und immer aktiv sein zu müssen. Einerseits kann man dies als starkes Engagement bewerten, andererseits überschätzen wir uns selbst, wenn wir denken, dass ohne uns nichts geht. Wir strengen uns permanent an und sind selbst nach der Arbeit immer in Aktion: E-Mails checken, joggen gehen, Haushalt schmeißen. Wer kann schon die Beine hochlegen, wenn die Wäsche nicht gewaschen oder das Auto nicht tipptopp ist?

Gründe zur Selbstüberforderung gibt es immer. Berufseinsteiger wollen beweisen, was sie können, danach Karriere machen, dann die Position halten und später beweisen, dass sie nicht zum alten Eisen gehören.
Wir sind in der kollektiven Selbstüberforderung angekommen und schrauben unsere Erwartungen immer höher – ohne es zu merken. Dadurch geraten wir in einen Zustand der permanenten Unzufriedenheit, weil es immer etwas gibt, das noch nicht geschafft ist.

Positiv zu denken heißt, das Erreichte zu sehen und erfüllbare Bedingungen zu definieren. Heißt, die Mailbox einmal zu schließen. Denn es ist gewiss, egal wie viel wir noch abarbeiten, die nächsten kommen gleich danach. Achten Sie auf das, was erledigt ist, was Ihnen gelungen ist. Selbst, wenn etwas nicht geklappt hat, Sie jedoch Ihre Aufgabe gut gemacht haben, dürfen Sie zufrieden sein. Sie definieren Ihre Maßstäbe. Vor allem im Privatleben. Und das gute Gefühl der Zufriedenheit bringt das Gehirn in einen guten Zustand für die nächste Aktivität.

Welche Person fällt Ihnen als erstes ein, die dies erfolgreich umsetzt?

Das gute Gewissen
Wenn ich zufriedener mit mir bin, habe ich nicht so viel an anderen auszusetzen.

Welche Situation fällt Ihnen ein, in der Ihnen das schon einmal gelungen ist?

Tagesidee 5

Glück durch Engagement

Menschen, denen es gut geht, leisten mehr, ohne sich anzustrengen. Bemerkenswert ist auch, dass hohes Arbeitsengagement nicht zu emotionaler oder physischer Erschöpfung führt, die das Privatleben negativ beeinflusst. Vielmehr gehen Menschen nach einem engagierten Tag mit einem besseren Erholungsniveau nach Hause als nach einem wenig engagierten. Auf diese Weise kann eine Work-Life-Unity dazu beitragen, dass Menschen aus beiden Lebensbereichen das Beste machen.

Mihaly Csikszentmihalyi beschäftigt sich mit dem Flow-Zustand, also dem Moment höchster Konzentration und Leistungsfähigkeit. Er fand heraus, dass bei der Arbeit dieser angenehme Höchstleistungszustand fast dreimal so oft wie in der Freizeit auftritt. Ein Flow ist meist das Gegenteil von Routine. Wir kennen das vom Sport. Kaum eine Sportart macht einfach so Spaß, ganz gleich auf welchem Niveau: Überwindung, Aushalten von Muskelkater, Dranbleiben gehören dazu. Und wir alle kennen dieses Gefühl, keine Lust auf Sport zu haben, aber eben auch das Glück und Wohlbefinden, wenn wir uns aufgerafft haben und der Körper es uns dankt.

Die Gallup-Gruppe um Tom Rath hat in weltweiten Studien herausgefunden, dass es fünf Arten von Wohlbefinden gibt. Das Tätigkeitswohlbefinden, soziales, finanzielles, physisches und Gemeinschaftswohlbefinden. Den größten Einfluss auf das Wohlbefinden insgesamt hat die Tätigkeit! Wer sich mit seiner Tätigkeit wohl fühlt, hat eine doppelt so hohe Wahrscheinlichkeit für ein gutes Gesamtwohlbefinden und mehr Freude daran, sich zu engagieren. So schaffen Sie einen positiven Kreislauf, in dem sich Ihr guter Zustand und Ihre engagierte Arbeit gegenseitig verstärken.

Welche Person fällt Ihnen als erstes ein, die dies erfolgreich umsetzt?

Das gute Gewissen
Wenn ich voller Energie etwas erledige, reiße ich andere mit und muss nicht motivieren.

Welche Situation fällt Ihnen ein, in der Ihnen das schon einmal gelungen ist?

Tagesidee 6

Glück durch maßvolle Anstrengung

»Wer es im Leben zu etwas bringen will, muss sich anstrengen« – mit dieser Überzeugung sind die meisten von uns aufgewachsen. Und wissen Sie was? Der Satz stimmt sogar! Nicht Anstrengung ist das Problem, sondern Überanstrengung. In der besten Absicht, das Maximum aus unserem Leben herauszuholen, landen wir oft in der Anstrengungsfalle.

Herausforderungen anzunehmen, ist wichtig für unsere persönliche Weiterentwicklung und für unseren Lebenserfolg. Und wenn wir uns wohlfühlen, leisten wir, was wir wollen und sollen – ganz ohne gestresst zu sein. Wohlbefinden wiederum ist kein Luxus, sondern für ein gelungenes Leben so wichtig wie Anstrengung. Also: Strengen Sie sich bitte an – aber für das, wofür es sich lohnt.

Wir strengen uns bei der Arbeit zu viel und auf die falsche Weise an, oft im Sinne des Verbiegens und Überforderns. Im Privatleben hingegen zu wenig auf die richtige, für uns und unsere Gesundheit oder Entwicklung. Unser Gehirn ist dafür gemacht, zu lernen, zu entdecken, zu lösen und Spaß zu haben. Mit folgenden Fragen können Sie unterscheiden, ob Ihre Anstrengung nützlich oder schädlich ist: Bringt sie Freude, Wachstum, Lernen, Lösungen? Oder kostet sie Leistungsfähigkeit, Gesundheit, Wohlbefinden?

Lassen Sie uns dies an konkreten Beispielen durchdenken. Zur positiven Anstrengung zählt: zu Hause zu arbeiten und sich dafür schick anzuziehen. Zu Hause zu arbeiten und mehrere Dinge gleichzeitig erledigen – nicht. Nach dem Bus zu sprinten, um eher bei den Kindern zu sein, ist positive Anstrengung; morgens regelmäßig zu spät aufzustehen und dann nach dem Bus zu hetzen – nicht.

Welche Person fällt Ihnen als erstes ein, die dies erfolgreich umsetzt?

Das gute Gewissen
Wenn ich mich bei der Arbeit nicht mehr überfordere, bin ich positiver bei den Kindern oder Eltern.

Welche Situation fällt Ihnen ein, in der Ihnen das schon einmal gelungen ist?

Tagesidee 7

Glück heißt Gutes zu tun

Sie selbst können vorhersagen, wie Sie sich in einer Situation fühlen werden. Das Einzige, das Sie dazu wissen müssen, ist, was und wie Sie denken. Was wir denken, beeinflusst unser Fühlen direkt. Wie wir denken, nehmen wir das Leben wahr. Wir verhalten uns dazu passend und filtern sogar alles, das nicht in unsere Gedankenwelt passt, gnadenlos heraus.

Außerdem benötigen wir – Wiederholung ist die Mutter des Lernens – ein Verhältnis von drei positiven zu einem negativen Moment für ein gesundes und glückliches Leben. Denn die negativen Emotionen richten viel mehr Schaden in uns an, als die positiven ausgleichen können. Wir sind soziale Wesen und profitieren am allermeisten von guten sozialen Kontakten und Beziehungen. Und beim Denken fangen unser Wohlbefinden und unser Verhalten an. Das daraus abgeleitete Prinzip heißt »Dreimal täglich Gutes«: Tun Sie sich täglich etwas Gutes. Tun Sie jemand anderem täglich etwas Gutes. Denken Sie täglich einmal bewusst gut.

Die Reihenfolge ist nach Wichtigkeit sortiert. Zuerst Sie. Denn nur dann werden Sie überhaupt zu Punkt zwei übergehen. Sich etwas Gutes zu tun heißt, mit Kleinigkeiten wie dem bewussten Genuss des Morgenkaffees oder einem herzlichen Telefonat für Ihr Wohlbefinden zu sorgen. Jemand anderem etwas Gutes zu tun, folgt dem gleichen Prinzip. Klein und wirkungsvoll. Es geht um ein Lächeln oder ein Über-die-Straße-helfen. Hier kommt noch hinzu, dass die gute Absicht im Tun, nicht in der Reaktion oder dem Ergebnis liegt. Einmal bewusst gut zu denken meint, es ganz konkret, ganz bewusst einzusetzen. Es geht z. B. um das aktive Umschalten, wenn Sie sich klagen, schimpfen oder zweifeln hören.

Welche Person fällt Ihnen als erstes ein, die dies erfolgreich umsetzt?

Das gute Gewissen

Wenn ich mich selbst ebenso wichtig wie andere nehme, mache ich ihnen keine stummen Vorwürfe mehr.

Welche Situation fällt Ihnen ein, in der Ihnen das schon einmal gelungen ist?

Tagesidee 8

Glück durch gute Gedanken

Glück liegt nicht einfach so im Leben herum. Glückliches Denken ist eine bewusste Anstrengung, das Gute zu sehen, die Augen für das Gute im Leben zu öffnen. Denn ob wir hin- oder wegschauen, abwerten oder genießen, ist unsere Entscheidung. Für gute Gedanken spricht viel: Optimismus, Zufriedenheit und Glück, die Verringerung des Risikos für Herz-Kreislauf-Erkrankungen um 50 %. Dies kann auch daran liegen, dass sich Menschen mit einer positiven Lebenseinstellung generell gesünder verhalten, z. B. in Bezug auf Essen, Bewegung und Schlaf. Auf jeden Fall verstärken sich positives Verhalten und positives Denken gegenseitig.

Das heißt allerdings nicht, nur die rosarote Brille aufzusetzen. Negativ erlebte Emotionen haben selbstverständlich ihre Berechtigung und sogar eine wichtige Hinweisfunktion. Egal, ob es sich um Angst, Ärger oder Wut handelt – diese Gefühle signalisieren, dass etwas gerade jetzt oder allgemein im Leben nicht stimmt. Deshalb wäre es kontraproduktiv, sie einfach zu ignorieren bzw. zu verdrängen.

Fragen Sie sich bei allem, was Sie denken und tun: »Bringt mir das das gewünscht gute Ergebnis?«. Wenn Sie sich nachts mit Sorgen quälen, wird daraus kein gutes Ergebnis resultieren. Sondern es wird Ihnen den Schlaf rauben und morgens sind Sie in einem schlechten Zustand. Voran kommen Sie, wenn Sie sich tagsüber Zeit für eine sachliche Analyse nehmen, einen Vertrauten um Rat fragen. Gute Gedanken führen zu einem guten Zustand des Gehirns, das dann die besten Kapazitäten zur Lösungsfindung für die immer vorhandenen Probleme bereitstellt.

Welche Person fällt Ihnen als erstes ein, die dies erfolgreich umsetzt?

Das gute Gewissen

Wenn ich positiver denke, sieht man mir das an.

Welche Situation fällt Ihnen ein, in der Ihnen das schon einmal gelungen ist?

Tagesidee 9

Glück ist ansteckend

Betrachten Sie Ihr Umfeld beruflich und privat wie eine Schnupfenzone. Sie entscheiden, ob Sie sich anstecken oder immunisiert sind und dadurch auch andere schützen. Überlegen Sie sich, mit welchen Menschen Sie wie oft zusammen sind. Sie können dies überall beeinflussen – ja, das können Sie. Es lohnt sich, denn je nachdem, wie Ihr Umfeld agiert und drauf ist, wirkt es auf Sie.

Der Arbeitspsychologe Arnold B. Bakker erforscht an der Erasmus Universität Rotterdam die Übertragung von Gefühlen. Er stellte fest, dass negative Gefühle wie Erschöpfung zwischen Paaren übertragen werden. Auch Teams beeinflussen sich; die kollektive Stimmung färbt auf den Einzelnen ab.

Die psychologischen Hintergrundmechanismen: Andere Menschen fungieren wie Vorbilder; Symptome werden automatisch und unbewusst übernommen, wir schnappen Gefühle auf, wenn wir uns in eine Situation hineinversetzen, und wir stecken uns mit negativen Nachrichten an. Wir hören, lesen oder erfahren im Fernsehen immer öfter von Stress und Burnout, die gefühlte Burnout-Präsenz wächst unaufhörlich und beeinflusst die Einschätzung des eigenen Burnout-Zustandes. Ganz normale Symptome wie Kopfschmerzen werden dann anders interpretiert.

Erfreulicherweise geht das auch umgekehrt. Mit Optimismus, guter Laune und Lebensfreude kann man sich auch anstecken. Denken Sie nur an verliebte Menschen. Deren Leuchten bringt alle um sie herum ebenfalls zum Leuchten. Was machen sie anders? Sie denken immerzu schöne Dinge über den Liebsten. Das können wir nachmachen und ebenfalls schöne Dinge denken.

Welche Person fällt Ihnen als erstes ein, die dies erfolgreich umsetzt?

Das gute Gewissen

Wenn ich guter Stimmung bin, betrachte ich Menschen mit anderen Augen.

Welche Situation fällt Ihnen ein, in der Ihnen das schon einmal gelungen ist?

Tagesidee 10

Glück braucht Aufmerksamkeit

Unsere Gedanken beeinflussen nicht nur, was wir fühlen und tun, sondern auch Körpervorgänge, steuern biologische und chemische Prozesse. Nicht zu denken, erleben wir kaum. Der Psychologe Matthew Killingsworth hat das Thema Zufriedenheit und gedankliche Präsenz untersucht. Er kam zu dem erstaunlichen Ergebnis, dass Menschen die Hälfte der Tageszeit geistig abwesend sind. Egal, ob sie etwas Angenehmes oder Unangenehmes tun. Natürlich wäre es besser, die volle Aufmerksamkeit auf den Augenblick zu richten. Doch wenn wir schon einmal in Gedanken sind, sollten wir diese Gedanken in eine Richtung lenken, die uns gut tut, anstatt zu grübeln, uns zu ärgern, zu sorgen, unmutig zu sein. Wir denken ja unsere Gedanken und nicht sie uns. Wir vergessen das allzu schnell, weil wir sie nicht steuern. Konzentrieren wir uns also auf Vorfreude, Zufriedenheit oder Dankbarkeit.

Das fühlt sich nicht nur besser an. Unsere Gedanken sind außerdem die Grundlage für unser Verhalten. Sie kennen sicher den Begriff der sich selbst erfüllenden Prophezeiungen. Wir erschaffen Tatsachen durch unser Tun, das stets einer vorangegangenen bewussten oder unbewussten Überlegung folgt. Leider bestätigen wir uns so häufig unsere Befürchtungen, weil das Gehirn auf Negatives konzentriert ist und wir vergessen, aktiv umzuschalten.

Fragen Sie sich öfter, ob Sie das, was Sie gerade denken, erleben möchten. Wenn nicht, ändern Sie Ihre Gedanken. Nutzen Sie auch positive Formeln. Sie sollten knackig sein, gut zu merken und Sie zum Lächeln bringen. Zum Beispiel: »Ich erwarte heute eine gute Nachricht«. »Ich bin froh und heiter. Glück ist mein Begleiter«. Das kann eine Gedichtzeile sein oder ein Motto, das bereits von Ihrer Oma stammt.

Welche Person fällt Ihnen als erstes ein, die dies erfolgreich umsetzt?

Das gute Gewissen
Ein flotter Spruch an meiner Bürotür bringt allen Freude.

Welche Situation fällt Ihnen ein, in der Ihnen das schon einmal gelungen ist?

Tagesidee 11

Glück durch Gedankenlenkung

Viele Menschen verbringen heute eine Menge Zeit damit, über vergangene Ereignisse und die Zukunft zu grübeln. Es scheint, als ob dies gar nicht anders sein könne, da wir es nicht mehr anders kennen.

Zunächst einmal sollten Sie einen Entschluss treffen, nämlich jenen, dass Sie künftig Ihre Gedanken im Griff haben und nicht umgekehrt. Es lohnt sich! Psychologen um Jia Wie Zhang haben erforscht, dass unsere Haltung zur Vergangenheit unser Wohlbefinden in der Gegenwart bestimmt. Sie fanden eine geringere Lebenszufriedenheit bei Menschen mit negativem Vergangenheitsbild. Was können Sie aus dieser Erkenntnis machen? Sie können sich sofort wohler fühlen, wenn Sie anstatt über Vergangenes zu grübeln, positive Erfahrungen immer mal gedanklich wiederholen, sich bewusst daran erinnern und erfreuen.

Haben Sie ein Lieblingsgrübelthema? Was beschäftigt Sie immer wieder? Heute können Sie bewusst darauf achten, wann Sie grübeln. Dann lenken Sie Ihre Aufmerksamkeit auf das Thema und fügen zwischen jeden Gedanken ein »ich denke« ein. Dadurch schaffen Sie Abstand. Es sind nur Gedanken, Ihr Blick auf die Welt. Es könnte auch alles ganz anders sein. Also: »Ich denke, meine Kollegin hat schon wieder nicht gegrüßt; ich denke, sie kann mich nicht leiden; ich denke, es liegt daran, dass ich älter als sie bin; ich denke, warum passiert mir das…« Schon haben Sie Ihre Gedanken in der Hand und nicht diese Sie. Das ist eine alte Meditationstechnik, die von Frank Kinslow aufgegriffen wurde. Abstand schaffen, relativieren und die Gedanken verlangsamen – das alles können Sie mit diesem kleinen Trick selbst schaffen.

Welche Person fällt Ihnen als erstes ein, die dies erfolgreich umsetzt?

Das gute Gewissen

Wenn ich weniger grüble und alles auf die Goldwaage lege, fällt es anderen leichter, mit mir zu sprechen.

Welche Situation fällt Ihnen ein, in der Ihnen das schon einmal gelungen ist?

Tagesidee 12

Glück dank Perspektivwechsel

Wissen Sie noch? Dadurch, dass negative Gefühle weitaus stärker wirken als positive, braucht es mindestens ein »3 : 1« von Positivem zu Negativem, damit wir gesund bleiben, Paare glücklich und Teams erfolgreich sind. Auf einmal Ärgern darf sozusagen dreimal Freuen kommen.

Dies hat die Glücksforschung herausgefunden. Auf den ersten Blick könnte man meinen, das sei kaum zu erreichen. Doch die Erfüllung dieser Formel ist lediglich eine Frage der Aufmerksamkeit. Wieder geht es um den Automatismus des Gehirns, Negatives bevorzugt wahrzunehmen und deutlicher spürbar zu machen. Denn egal, in welcher Lebenssituation wir uns befinden – es gibt immer sehr viel Gutes um uns herum und sei es nur unsere schöne Wohnung, das trinkbare Wasser, das aus der Wand kommt oder die Mittagspause, die jedem zusteht.

Negatives durch Positives auszugleichen, führt dazu, dass wir besser denken, uns besser konzentrieren und Probleme besser lösen können. Wir haben eine andere Ausstrahlung und gehen anders mit unseren Mitmenschen und uns selbst um.

Der Ausgleich kann ein gedanklicher Perspektivwechsel sein oder praktisches Tun. Halten Sie öfter mal die Tür auf, bedanken Sie sich, wann immer es geht. Beginnen Sie Meetings mit positiven Informationen, schreiben Sie Ermutigendes in die Abschiedsformel Ihrer Emails. Und warten Sie nicht länger, dass die anderen netter sind oder schauen – fangen Sie damit an.

Am allereinfachsten ist es, zu lächeln. Ein Lächeln wirkt für Sender und Empfänger positiv. Es baut Stress ab und selbst das unechte Lächeln verändert unser Befinden. Oxytozin, das entspannt, wird ausgeschüttet.

Welche Person fällt Ihnen als erstes ein, die dies erfolgreich umsetzt?

Das gute Gewissen
Wenn ich lächle, gewinnen Kunden schneller Vertrauen zu mir.

Welche Situation fällt Ihnen ein, in der Ihnen das schon einmal gelungen ist?

Tagesidee 13

Glück basiert auf Tatsachen

Positives Denken wird häufig dadurch verhindert, dass wir uns bei fehlenden Informationen mit negativen Spekulationen befassen. Wie wird der neue Chef sein, die Anreise in den Urlaub oder die neuen Nachbarn? Schnell überlegen wir, was wir alles nicht wollen und was alles passieren könnte, anstatt abzuwarten oder nach konkreten Informationen zu suchen. Fehlende Informationen lösen schnell Unsicherheit aus. Diese fühlt sich nicht gut an und dadurch verzerrt sich unsere Wahrnehmung in Richtung negativ. So entstehen Abwärtsspiralen der Gedanken.

Betrachten Sie öfter bewusst Ihre Gedanken und überprüfen Sie die Tatsachen. Was ist wirklich geschehen? Was ist Ihre Interpretation oder Ihre Spekulation? Zum Beispiel: Das neue Auto ist defekt, das ist die Tatsache. Dass Sie beim Kauf einem Betrüger in die Hände gefallen sind, eine Spekulation. Konzentrieren Sie sich auf andere Aspekte der Situation, zum Beispiel darauf, dass Sie ohne das kaputte Auto den charmanten Mann vom Automobilclub nicht kennengelernt hätten.

Wenn Sie merken, dass Sie spekulieren oder sich in negativen Gedankenkreisen drehen, treten Sie mit einem inneren »Stopp« auf die Bremse. Fragen Sie sich ganz konkret: »Befasse ich mich mit einer Spekulation oder einer Information?«. Wenn Sie spekulieren, überlegen Sie, ob Sie sich Informationen beschaffen können oder bereits haben. Konzentrieren Sie sich ausschließlich darauf, nicht mehr und nicht weniger. Fragen Sie, notfalls auch mehrfach. Wenn es (noch) keine Informationen gibt, heißt es abzuwarten. Finden Sie zu negativen Überlegungen positive Alternativen – z. B.: Wie könnte es auch sein? Gemäß Wahrscheinlichkeitsrechnung haben wir eine 50:50-Chance, dass etwas Positives eintritt.

Welche Person fällt Ihnen als erstes ein, die dies erfolgreich umsetzt?

Das gute Gewissen

Wenn ich weniger spekuliere, höre ich besser zu,wenn mir andere etwas erzählen.

Welche Situation fällt Ihnen ein, in der Ihnen das schon einmal gelungen ist?

Tagesidee 14

Glück gelingt je weniger wir erwarten

Viele Jahre haben wir im Coaching gelernt und gelehrt, dass man groß denken soll. Denn nur attraktive Ziele seien ein Grund für das Gehirn, etwas erreichen zu wollen. So weit, so gut. Doch was ist, wenn wir die Ziele nicht oder anders erreichen? Sind wir dann nicht enttäuscht, verärgert, manches Mal sogar verzweifelt?

Ich habe ein interessantes Experiment des Psychologen Dr. Fordyce gefunden, dessen Teilnehmer einen Nachmittag ohne Bezahlung in einer Bibliothek arbeiten sollten. Später erfuhr die eine Gruppe, dass sie eventuell 25, die andere, dass sie 100 Dollar bekäme. Am Ende erhielten alle 50 Dollar. Sie ahnen, was geschah? Die Gruppe, die 25 Dollar erwartete, war sehr zufrieden, die andere enttäuscht.

Erleben wir das nicht immer wieder in unserem Alltag? Das Urlaubshotel ist nicht so toll wie erwartet, die Diät schlägt nicht an wie gewünscht, der potenzielle Kunde geht zur Konkurrenz. Es ist, als ob das Glück an uns vorbeiliefe. Dabei produzieren wir nur immerzu irgendwelche Erwartungen, wie das Leben sein sollte.

Wie kommen wir aus diesem Automatismus heraus? Ein erster Schritt könnte sein, die Dinge ohne zu hadern so zu nehmen, wie sie sind. Etwa mit dem Gedanken: »es ist, wie es ist« und das Beste daraus zu machen. Was bedeutet das? Erwarten Sie kein bestimmtes Geburtstagsgeschenk, wenn Sie nicht darum gebeten haben. Lassen sie sich von dem Konzert, das Sie besuchen, überraschen, anstatt es mit der letzten Erfahrung zu vergleichen und schrauben Sie Ihre Erwartungen an die Weihnachtsfeier in der Firma nicht jedes Jahr höher.

Welche Person fällt Ihnen als erstes ein, die dies erfolgreich umsetzt?

Das gute Gewissen

Wenn ich lockerer mit Erwartungen umgehe, wird Weihnachten weniger anstrengend.

Welche Situation fällt Ihnen ein, in der Ihnen das schon einmal gelungen ist?

Tagesidee 15

Glück basiert auf Optimismus

Gerade noch haben wir gesagt, wir sollten vorsichtig mit unseren Erwartungen sein. Das stimmt auch. Wenn wir allerdings welche haben, dann sollten es gute sein. Denn wir verhalten uns immer so, dass es zu unseren Erwartungen passt und nehmen auch genauso wahr: Das, was wir denken, sehen wir, alles andere übersehen wir.

Fragen Sie öfter einmal danach, was optimal für Sie ist. Nach dem Happy End. Nur wenn Sie es kennen, können Sie es erleben bzw. etwas dafür tun. Eine Grunderwartung ist wie eine Grundnavigation. Eine Weiche, die dafür sorgt, dass wir tendenziell Positives oder Negatives erleben werden. Wir kennen das vom Optimismus: Wenn wir annehmen, dass grundsätzlich Positives vor uns liegt, beeinflussen wir mit dieser Grundnavigation unser Fühlen, Denken und Tun. Sie können damit sofort loslegen. Für Menschen, die Optimismus lernen wollen, geht das schon mit einer kleinen Übung: 5 Minuten täglich positiv träumen.

Schaut man rückwärts, gibt es vieles zu entdecken, das besser geworden ist: Unser Wohnraum ist schöner oder größer; wir verdienen mehr als während unserer Ausbildung oder wir sprechen eine Sprache besser.
Der Start ist immer unser Kopf. Am besten trainieren wir unser Gehirn, unsere Gedanken in gleicher Weise wie unseren Körper. Das beginnt schon damit, sich Zeit zum Nachdenken zu nehmen. Schreiben Sie Tagebuch? Gehen Sie zum Coaching? Dann sind Sie klar im Vorteil, denn Sie sind es gewohnt, sich Zeit für Ihren Geist zu nehmen. Etablieren Sie Routinen in Ihren Alltag zur Pflege des Geistes und Training von z. B. Optimismus. Egal, ob Meditation, Entspannungstechnik, Dankbarkeitstagebuch oder Selbstcoaching – Hauptsache, Sie tun etwas.

Welche Person fällt Ihnen als erstes ein, die dies erfolgreich umsetzt?

Das gute Gewissen

Wenn ich optimistischer bin, werden meine Mitarbeiter besser zeigen, was sie können.

Welche Situation fällt Ihnen ein, in der Ihnen das schon einmal gelungen ist?

Tagesidee 16

Glück liebt Lob

Wir wissen alle, wie wichtig es ist. Im Alltag geht es jedoch oft unter. Manch einer folgt auch noch dem alten Slogan »nicht getadelt ist genug gelobt«. Wir glauben, wir sind doch freundlich, wir sagen so viel Gutes. Überprüft man dies mit einer Strichliste, sieht das schon ganz anders aus. Selbst wenn Sie ab und an etwas Nettes sagen, kann es nie genug sein. Wir alle hören so viel Negatives in unserem Leben: Was wir vergessen haben, was wir nicht sind, nicht haben, nicht können. Nicht sollen. Insofern kann jeder von uns ein Dauerabonnement auf Nettigkeiten gebrauchen.

Loben hat den Vorteil, dass sich Sender und Empfänger wohl fühlen, weil der Entspannungsbotenstoff Dopamin ausgeschüttet wird. Dies wäre ein gutes Mittel, etwas für sich selbst zu tun, um sich besser zu fühlen, gerade wenn es nicht so läuft wie erwartet. Und natürlich auch, um anderen Gutes zu tun. Dadurch für ihr Wohlbefinden zu sorgen und sie zu motivieren.

Loben ist eine Kunst. Wir können sie zuerst bei uns selbst üben. Wann haben Sie sich selbst zuletzt nachdrücklich gelobt? Das wurde uns geradezu aberzogen. Doch wenn wir die guten Dinge an uns nicht wahrnehmen und in Worte fassen können, wird es schwer, sie bei anderen zu sehen und zu formulieren. Schauen Sie also im Spiegel genau hin, was es Gutes und Schönes zu entdecken gibt. Betrachten Sie Ihre Talente und guten Eigenschaften. Sprechen Sie anerkennend mit sich, wenn Ihnen etwas gelingt, von der Hand geht, klappt.

Es gibt verschiedene Ebenen des Lobens. Es beginnt mit dem Tun (»Sie schreiben immer ohne Fehler«) geht weiter über Fähigkeiten (»Du hörst gut zu«) bis hin zur Person (»Du bist eine liebevolle Frau«, »Sie sind ein aufmerksamer Mitarbeiter«). Die Wirkung ist desto stärker, je höher wir kommen.

Welche Person fällt Ihnen als erstes ein, die dies erfolgreich umsetzt?

Das gute Gewissen
Wenn ich mehr lobe, erfahre ich mehr Sympathie.

Welche Situation fällt Ihnen ein, in der Ihnen das schon einmal gelungen ist?

Tagesidee 17

Glück durch positiven Fokus

Unser Gehirn will uns schützen. Da menschheitsgeschichtlich gesehen das Überleben davon abhing, Gefahren schneller zu erkennen als Glücksmomente, reagiert es auch heute noch so, dass es sich stärker auf das Unerledigte und Problematische konzentriert, es sich merkt, wiederholt und im Kopf größer macht, als es in der Realität ist. Ganz besonders häufig geschieht dies nachts, wenn wir in einem ungeschützteren Zustand und müde sind. Leider sind die damit einhergehenden unangenehmen Emotionen auch besonders fühlbar. Vergleichen Sie doch einmal, wie lange und wie oft Sie sich mit einer Enttäuschung, die Ihnen richtig weh tut, befassen, und wie lange und wie oft mit einer Freude über ein schönes Gespräch.

Ich empfehle, jede Situation aus verschiedenen Perspektiven zu betrachten, hinzusehen, wie es gerade ist und optimistisch das Beste draus zu machen. Das kann heißen, sich nicht länger mit einem Problem zu befassen, wenn wir sowieso keinen Einfluss darauf haben und das ständige Grübeln uns die Kraft nimmt. Wenn wir Einfluss haben, kann das heißen, nach einer Lösung zu suchen oder zumindest die negativen und die positiven Aspekte zu sehen.

Schalten Sie immer wieder um, wenn die Gedanken in die negative Richtung wegrutschen. Relativieren Sie, wie schlimm etwas wirklich ist. Denken Sie an etwas Schönes, das es ja auch immer gibt. Lenken Sie sich ab, unterhalten Sie sich mit einem angenehmen Menschen. Schalten Sie hin und her.

Welche Person fällt Ihnen als erstes ein, die dies erfolgreich umsetzt?

Das gute Gewissen

Wenn ich mich in negativen Augenblicken frage, was ich jetzt dafür tun kann, dass es mir besser geht, werde ich unabhängiger vom Verhalten anderer.

Welche Situation fällt Ihnen ein, in der Ihnen das schon einmal gelungen ist?

Tagesidee 18

Glück wird mehr wenn Ärger weniger wird

Im Ärgern und Grübeln sind wir Weltmeister. Wir haben es ja viele Jahre, ja Jahrzehnte geübt. Es ist eine Gewohnheit geworden, von der wir denken, sie sei normal. Nein, ist sie nicht. Und vor allem: Es kostet Kraft und gute Lebensenergie. Ärger wirkt auf Ihren Körper und hinterlässt Spuren im Gesicht und als Krankheit. Herzkrankheiten werden oft im Zusammenhang mit negativen Gefühlen gesehen.

Herz-Kreislauferkrankungen stehen statistisch gesehen immer noch auf Platz 1 der Todesursachen in Deutschland. Wie gut, dass wir etwas dagegen tun können. Nämlich unser Herz schützen vor negativen Gefühlen, vor allem Ärger. Sie entscheiden, wie lange Sie sich mit welchen Gedanken befassen. Wenn Sie sich über etwas oder jemanden ärgern, lassen Sie dieses Gefühl zu. Unterdrücken macht es nur größer. Akzeptieren Sie, dass es ist, wie es ist, denn die Situation und der Ärger sind ja Realität. Doch setzen Sie ein Limit. Nehmen Sie eine Uhr zu Hilfe und stoppen Sie nach drei Minuten die negativen Gedanken. Das können Sie lernen und es gelingt immer leichter, je öfter Sie es üben.

Suchen Sie nach Alternativen. Was könnten Sie anstelle des Ärgers fühlen? Energie geht nicht verloren, sondern muss ersetzt werden. Das kann eine Umwandlung sein von Ärger in Kreativität bei der Gartengestaltung, in Schwung beim Fenster putzen oder aber in positive Gefühle. In Dankbarkeit, weil Sie trotz der ärgerlichen Situation etwas gelernt haben. Sie können überlegen, wie Sie konstruktiv damit umgehen oder sich eine gedankliche Freude bereiten, z. B. mit der Vorstellung, wie Sie Ihr Wohnzimmer umdekorieren würden. Das Gehirn unterscheidet nicht zwischen real und vorgestellt. Sie haben daher eine tolle Chance, sich umzuprogrammieren.

Welche Person fällt Ihnen als erstes ein, die dies erfolgreich umsetzt?

Das gute Gewissen
Wenn ich mich weniger ärgere, behalte ich eine glatte schöne Stirn.

Welche Situation fällt Ihnen ein, in der Ihnen das schon einmal gelungen ist?

Tagesidee 19

Glück vermehrt sich durch gute Nachrichten

«Sagen Sie mir, mit welchen Informationen Sie sich wie oft und wie lange befassen und ich sage Ihnen, wie Sie sich fühlen«. Dazu muss ich keine Hellseherin sein. Sie können das auch. Denn wenn Sie immer wieder dem klagenden Nachbarn zuhören, mehrmals am Tag Nachrichten lesen und sehen und am besten noch abends vor dem Schlafengehen die Unglücksbilder aus aller Welt im Großbildschirmformat aufnehmen, müssen Sie sich nicht wundern, dass Sie nicht schlafen können oder oft ängstlich sind.

Zählen Sie in Ihrer Lieblingstageszeitung einmal die positiven Meldungen – es ist eine kleine Minderheit. Auch Sie würden sich wundern, wenn Sie darüber lesen würden, wie viele Menschen trotz Grippewelle gesund geblieben oder wie viele Handtaschen nicht gestohlen worden sind.

Limitieren Sie daher die Zeit, in der Sie sich schlechte Erfahrungen von Freunden und Familie anhören, stoppen Sie Klatsch und Tratsch über Abwesende bei der Arbeit. Je mehr Negatives wir hören, desto normaler scheint es zu sein, und am Ende glauben wir gar, so sei die Realität. Weit gefehlt! Wir filtern genau das heraus, was zu unseren Erwartungen und Erfahrungen passt. Das Filtern merken wir leider nicht. Doch unser Gehirn passt sich an. Man spricht von der Neuroplastizität des Gehirns. Je häufiger wir etwas denken oder tun, desto stärker werden die Verknüpfungen der Nervenzellen; so entstehen Denkgewohnheiten. Das hat zur Folge, dass wir selbst beginnen, schlechte Nachrichten zu verbreiten, zu klagen und zu zweifeln und es gar nicht zu merken. Ein Teufelskreis, den wir durch bewusstes Gegenlenken und Auswahl, welche Informationen wir aufnehmen und weitergeben, durchbrechen können.

Welche Person fällt Ihnen als erstes ein, die dies erfolgreich umsetzt?

Das gute Gewissen

Wenn ich genauer auswähle, worüber ich spreche, leiste ich einen Beitrag zu einem guten Betriebsklima.

Welche Situation fällt Ihnen ein, in der Ihnen das schon einmal gelungen ist?

Tagesidee 20

Glück und Schokolade gehören zusammen

Genuss und Lebensfreude wünschen wir uns alle. Doch wie viel Platz haben sie wirklich in unserem Alltag? Hektik, Pflichten, Zeitdruck, die Lust und Last der Arbeit scheinen uns fest im Griff zu haben. Doch wenn wir immer wieder nur Pflichten erfüllen, das Gute vertagen, werden wir irgendwann nur noch funktionieren. Wir selbst bleiben auf der Strecke. Nur der, dem es gut geht, kann anderen etwas abgeben. Nur wer zufrieden ist mit seinem Leben, kann glücklich, leistungsfähig und gesund bleiben.

Gönnen Sie sich deshalb immer wieder ein gutes Leben wie eine gute Schokolade. Jetzt, hier, bewusst und achtsam. Schokoladeessen kann jeder – es geht einfach und macht Spaß. Nutzen wir doch dieses Können für unser ganzes Leben. Investieren Sie in sich. Gut für sich zu sorgen, heißt nicht, schlecht für andere zu sorgen. Sondern so gut für sich zu sorgen wie für andere. Es ist die Voraussetzung dafür, etwas zum Abgeben zu haben.

Mein Vorschlag: Lernen Sie, zu genießen – und zwar zuerst die Schokolade genau in dem Moment, in dem Sie Appetit darauf haben. Und dann genießen Sie Ihr Leben genauso, wie Sie gelernt haben, Ihre Schokolade zu genießen.

Genießen Sie hier und sofort. Gönnen Sie sich mehr. Und zwar das, was zu Ihnen passt. Lernen Sie zu sehen, dass Sie stets alle Möglichkeiten dafür haben. Wählen Sie das Thema Schokolade als Ihr Lebensmotto. Gestalten Sie Ihr Leben bewusst, gesund und glücklich. Und: Nutzen Sie es dadurch bestmöglich.

Fragen Sie sich bei jedem Stückchen Schokolade, ob Sie heute generell schon genug für sich getan haben. Es kann die Erinnerung daran sein, positiver zu denken und leben.

Welche Person fällt Ihnen als erstes ein, die dies erfolgreich umsetzt?

Das gute Gewissen
Wenn ich mehr genieße, bin ich genießbarer.

Welche Situation fällt Ihnen ein, in der Ihnen das schon einmal gelungen ist?

Geschafft

Positives Denken zu lernen, öfter besser an sich selbst zu denken und das mit gutem Gewissen. Das war Ihre Idee beim Erwerb dieses Buches. Wie geht es Ihnen heute damit? Lief es besser, als erwartet? Brachten Sie schon bessere Voraussetzungen mit, als gedacht? Haben Sie häufig »stimmt« oder »mache ich bereits« gedacht?

Nutzen Sie die Ideen, die Ihnen besonders leicht gefallen sind, öfter. Aus den Erfolgserfahrungen heraus wagen Sie sich dann an ein anspruchsvolleres Thema. Bitte bedenken Sie auch: Nicht alles passt zu jedem. Sie können immer wählen, was heute in Ihren Alltag und zu Ihnen passt.

Das Wichtigste ist, dranzubleiben. Haben Sie an einem Tag nichts getan, so fangen Sie am nächsten wieder an. Tragen Sie sich den Termin für die Arbeit mit diesem Buch in Ihren Kalender ein, schicken Sie sich eine SMS zur Erinnerung. Erzählen Sie anderen davon und suchen Sie sich Gleichgesinnte.

Beispiel: Ich habe manchmal wochenlang keine Lust auf meine positiven Denkrituale. Ich gönne mir dann eine Pause denn ich weiß, ich werde wieder anfangen. Weil ich diese guten Gewohnheiten vermisse.

Weitere Impulse und eine Anleitung, um an sich zu arbeiten, gibt es im Arbeitsbuch: www.ilonabuergel.de/positives-denken-lernen-ueben

Schreiben Sie mir bitte Ihre Erfahrungen an ilonabuergel@ilonabuergel.de damit ich sie in die nächsten Bücher einfließen lassen kann.

Dankbar bin ich auch für eine Rezension bei Amazon, weil dann andere auch mehr über das Buch erfahren: www.amazon.de/Ilona-Bürgel

Falls Sie den Test für sich oder einen Freund noch nicht herunter geladen haben geht das hier: www.ilonabuergel.de/selbst-analyse

Alles Gute wünscht

Dr. Ilona Bürgel

Über die Autorin

Diplom-Psychologin Dr. Ilona Bürgel zählt zu den führenden Vertretern der Positiven Psychologie im deutschsprachigen Raum. Wie ein roter Faden zieht sich die Einladung zu einem Perspektivwechsel durch ihre Arbeit – weg von der Fixierung auf äußere Bedingungen in unserer sich ständig ändernden Welt, hin zum guten Umgang mit sich selbst. Die gefragte Referentin und Buchautorin zeigt ganz praktische Wege, wie es auf Dauer möglich ist, Leistung und Wohlbefinden miteinander zu verbinden. Nach 15 Jahren in Führungspositionen der freien Wirtschaft ist sie heute erfolgreiche Referentin, Autorin und Kolumnistin. Sie wurde vom Ministerium für Wirtschaft und Energie als Vorbildunternehmerin ausgezeichnet. Dr. Ilona Bürgel liebt Schokolade und Musik.

Mehr aus der Serie „Viel zu tun und trozdem glücklich“

Weitere Bücher von Dr. Ilona Bürgel

Literaturliste

Bakker, Arnold B.; Euwema, Martin C.; van Emmerik, Hetty: Crossover of Burnout and Engagement in Work Teams. In: Work and Occupations 33, Nr. 4, 2006, Sage Publications, S. 464-489, http://wox.sagepub.com

Bakker, Arnold B.: The Crossover of Burnout and its Relation to Partner Health. In: Stress and Health 25, 2009, S. 343-353, www.interscience.wiley.com

Bakker, Arnold B., Demerouti, Evangelia, Schaufeli, Wilmar B.: The Crossover of Burnout and Work Engagement among Working Couples. In: Human Relations 58 (5), 2005, S. 661-689, www.sagepublications.com

Biswas-Diener, Robert und Dean, Ben: Positive Psychology Coaching. Putting the Science of Happiness to Work for Your Clients, John Wiley & Sons Inc., Hoboken 2007

Boehm, Julia, Kubzansky, Laura: Optimism May Help Protect Heart, www.medicalnewstoday.com, Article Date: 18 Apr 2012 - 2:00 PDT

Bolier, Linda; Haverman, Merel; Westerhof, Gerben J. u.a.: Positive psychology interventions: a meta-analysis of randomized controlled studies, BMC Public Health 2013, 13-119, http://bmcpublichealth.biomedcentral.com/articles/10.1186/1471-2458-13-119

Bormans Leo (Hg.): Glück - The World Book of Happiness, Dumont Buchverlag, Köln 2011, 3. Auflage

Bressler, Linda A.; Bressler, Mark E.; Bressler, Martin S.: The Role and Relationship of Hope, Optimism and Goal Setting in Achieving Academic Success: A Study of Students enrolled in Online Accounting Courses, in: Academy of Educational Leadership Journal, Volume 14, Number 4, 2010 http://www.alliedacademies.org/Publications/Papers/AELJ%20Vol%2014%20No%204%202010%20p%2037-51.pdf [28.04.2014]

Clear, James: How Positive Thinking Builds Your Skills, Boosts Your Health, and Improves Your Work, http://jamesclear.com/positive-thinking

Csikszentmihalyi, Mihaly and LeFevre, Judith: Optimal Experience in Work and Leisure, Journal of Personality and Social Psychology, 1989, Vol. 56, No. 5,815-822

www.coaching-report.de/coaching-markt.html

Davidson, Richard et al.: Individual differences in amygdala and ventromedial prefrontal cortex activity are associated with evaluation speed and psychological well-being, in: Journal of Cognitive Neuroscience, No. 19, 2007

Demerouti, Evangelia; Mojza, Eva J.; Bakker, Amold B.: Reciprocal Relations Between Recovery and Work Engagement, The Moderating Role of Job Stressors, in: Journal of Applied Psychology 97 (2012) 4 pp 842-853

Diener Edward: The science of happiness, by Mike Rudin, Series producer, The Happiness Formula www.bbc.co.uk, 2006, April, 30th

Diener, Ed; Chan Y. Micaela, Happy People live longer. Subjective well-beeing contributes to healt and Longevity :APPLIED PSYCHOLOGY: HEALTH AND WELL-BEING, 2011, 3 (1), 1–43

Dodge, R., Daly, A., Huyton, J., & Sanders, L. (2012). The challenge of defining wellbeing. International Journal of Wellbeing, 2(3), 222-235. doi:10.5502/ijw.v2i3.4

Eberle, Ute: Positives Denken – Gesunder Optimismus, in: Zeit Wissen Nr. 6/2010. http://www.zeit.de/zeit-wissen/2010/06/Optimismus-Positives-Denken [16.06.2014

Fordyce, Michael www.gethappy.net: Human happiness- its nature & its attainment, Vol II The attainment

Fordyce, Michael, in: Eysenck, Michael W.: Happiness, Facts and Myths. Psychology Press Ltd 2003

Fredrickson, Barbara I.: Die Macht der guten Gefühle. Wie eine positive Haltung Ihr Leben dauerhaft verändert, Campus Verlag Frankfurt/New York 2011

Hahnzog, Simon; Kraus, Charlotte: »Burnout?« – »Nein, danke. Ich hab schon.« Wie die Präsenz von Burnout die Einschätzung unserer Gesundheit beeinflusst. In: Journal of Business and Media Psychology (2012) 3, Heft 2, S. 31-42, www.journal-bmp.de

Heinrich, Christian: Positives Denken: Optimismus als Überlebensstrategie, in: Spiegel online, 2. 6. 2013. http://

www.spiegel.de/gesundheit/psychologie/optimismus-positive-gedanken-koennen-das-leben-staerken-a-901042.html [16.06.2014]

Kinslow, Frank: Quanten-Heilung erleben. Wie die Methode konkret funktioniert – in jeder Situation, VAK Verlags-GmbH, Kirchzarten 2010

Killingsworth Matthew: Wandering mind not a happy mind, http://news.harvard.edu/gazette/story/2010/11/wandering-mind-not-a-happy-mind/

Kringelbach, Morten L.; Berridge, Kent: Building a neuroscience of pleasure and well-being in Psychology of Well-Being: Theory, Research and Practice 2011, 1:3, http://www.psywb.com/content/1/1/

Kringelbach, Morten L. Berridge, Kent: The functional Neuroanatomy of Pleasure and Happiness in Discovery Medicine, Vol 9, Number 49, Pages 579-587, June 2010

Lyubomirsky, S., Dickerhoof, R., Boehm, J. (University of California, Riverside), Sheldon, K. (University of Missouri, Columbia): Becoming Happier Takes Both a Will and a Proper Way: An Experimental Longitudinal Intervention To Boost Well-Being (Abstract). Emotion, Vol. 11, No. 2, 391–402 (2011)

Lyubomirsky, King and Diener: The benefits of frequent positive affects; Does happiness lead to success? American Psychology Ass. Psychological Bulletin, 2005 Vol 131 No 803-855

Lyubomirsky, Sonja; Della Porta, Matthew D.: Boosting Happiness, Buttressing Resilience: Results from Cognitive and Behavioral Interventions, sonjalyubomirsky.com/wp-content/themes/sonjalyubomirsky/papers/LDinpressb.pdf

Lyubomirsky, Sonja: The Myths of Happiness: What Should Make You Happy, but Doesn't, What Shouldn't Make You Happy, but Does, 2014, Penguin

Lyubomirsky, S., & Della Porta, M. (in press): Boosting happiness, buttressing resilience: Results from cognitive and behavioral interventions. In J. W. Reich, A. J. Zautra, & J. Hall (Eds.),Handbook of adult resilience: Concepts, methods, and applications. New York: Guilford Press.

Lyubomirsky, Sonja and Layous, Kristin Layous: How Do Simple Positive Activities Increase Well-Being? Directions in Psychological Science 22(1) 57– 62, 2013

Lykken, Daivd und Tellegen, Auke: Happiness is a Stochastic Phenomenon, in: Psychological Science, Vol. 7, 1996

Neal, Kathy: Human cells respond differently to happiness, UNC College of Arts and Science 2016 http://college.unc.edu/2013/07/29/human-cells-respond-differently-to-happiness/ [15.02.2016]

Nelson, S. Katherine; Fuller, Joshua A. K.; Choi, Incheol; Lyubomirsky, Sonja: Beyond Self-Protection: Self-Affirmation Benefits Hedonic and Eudaimonic WellBeing; Personality and Social Psychology Bulletin 1–14, 2014

Oettinger, Gabriele: Vom Träumen zum Tun in Leistung – Lust & Last, Veröffentlichung der Internationalen Pädagogischen Werktagung Salzburg 2005

Rath, Tom und Donald O. Clifton: Wie voll ist Ihr Eimer? Positive Strategien für Beruf und Alltag, WILEY-VCH Verlag, Weinheim 2012

Rath Tom, Jim Harter: Wellbeing gallup press 2010

Seligmann, Martin und Schuhmacher, Stephan: Flourish – Wie Menschen aufblühen. Die Positive Psychologie des gelingenden Lebens, Kösel-Verlag, München 2012

Seligman, M. E. P., Steen, T. A., Park, N., & Peterson C.: Positive psychology in progress. Empirical validation of interventions, In: American Psychologist, 60, 410–421 (2005)

Seligman, Martin E. P.; Steen, Tracy A.; Peterson, Christopher: Positive Psychology Progress Empirical Validation of Interventions; tidsskrift for norsk psykologforening 2005 · 42 · 874–884

TK-Stress-Studie NRW-Studenten 2012, Ergebnisse einer repräsentativen Forsa-Umfrage aus Mai 2012, www.tk.de/centaurus/servlet/contentblob/456454/Datei/60355/Forsa-Studie Studentenalltag in NRW.pdf

Zhang, Jia Wie; Howell, Ryan T: Do time perspectives predict unique variance in life satisfaction beyond personality traits?; Personality and Individual Differences, Volume 50, issue 8 (June, 2011), p. 1261-1266

https://www.blick.ch/news/schweiz/psychologie-aggressivitaet-koennte-das-gehirn-schneller-altern-lassen-id4755070.htm